Inhalt

Inhalt

Welt ohne Sonne

Welt ohne Sonne – so bezeichnen Höhlenforscher oft die Räume in denen sie sich bewegen. Doch obwohl in die meisten Höhlen und Bergwerke kein natürliches Licht gelangt, bieten sie eine faszinierende Erfahrung unter Tage. Tropfsteine, wilde Höhlenbäche, bizzare Raumformen – sogar einige wenige hochspezialisierte Tiere können in der Welt ohne Licht überleben – tragen zur Faszination Höhle bei. Bei den Bergwerken herrscht oft Staunen darüber vor, wie in dieser unwirtlichen, oft engen, gefährlichen Umgebung bereits in lang vergangenen Zeiten mit einfachstem Werkzeug gearbeitet werden konnte.

Ein Ausflug in diese unterirdischen Räume ist besonders für Kinder ein außergewöhnliches Erlebnis. Doch die unterirdische Welt hat oft auch etwas lebensfeindliches. Als Einstieg bietet sich in jedem Fall ein Besuch der gut geführten Schauhöhlen und Schaubergwerke im Südwesten an. Hier können Sie den „Bauch der Erde" gefahrlos erkunden und erhalten vielfältige Informationen zu den Besuchsobjekten. Keine Höhle, kein Bergwerk gleicht dem anderen. Während Sie in der Laichinger Tiefenhöhle die für Deutschland einzigartige Möglichkeit haben, eine tiefe Schachthöhle ohne weitere Kenntnisse zu „befahren", begeistern andere Höhlen durch ihren Sinterschmuck oder wie die Wimsener Höhle durch die Bootsfahrt auf dem Höhlenbach. Andere Hohlräume, z. B. im Blau- und Lonetal faszinieren nicht durch ihre Größe, sondern durch ihre Bedeutung in der Urgeschichte, die im Urmensch-Museum in Blaubeuren auch für Kinder leicht nachzuvollziehend aufbereitet wurde.

Sollten Sie darüber hinaus auch Besuche in unausgebauten Höhlen beabsichtigen, so möchte ich Ihnen besonders das Kapitel „Höhlenschutz" ans Herz legen, denn leicht ist zerstört, was oft tausende Jahre zur Entstehung benötigt hat. Auch die Hinweise zur „Ausrüstung" sollten unbedingt beachtet werden, denn nur so ist ein gefahrloses und für Kinder vergnügliches Kennenlernen der Welt ohne Sonne möglich.

Der Landesverband für Höhlen- und Karstforschung Baden-Württemberg e. V. begrüßt die Herausgabe dieses Buches, mit dem Kindern die unterirdische Welt nähergebracht wird, denn nur was man kennen- und schätzengelernt hat, ist man auch bereit zu schützen und zu bewahren.

Glück tief!

Angelika Lay
Vorsitzende des Landesverbandes für Höhlen- und Karstforschung Baden-Württemberg e. V.

Vorwort

Die Beschäftigung mit der Natur ist immer eine schöne, abwechslungsreiche Angelegenheit. Sie trägt nicht nur zur Weiterbildung, zur Freude, Erholung und Entspannung bei, sondern kann auch die Grundlagen dafür legen, unsere Mitwelt zu schützen und für künftige Generationen zu erhalten. Um dieses Ziel zu erreichen, bedarf es sowohl des Engagements vieler einzelner Personen und Institutionen als auch umfangreicher Kenntnisse der vielfältigen Zusammenhänge in der Natur. Dazu gehören die Wechselbeziehungen zwischen Tieren und Pflanzen, zwischen diesen und dem Boden sowie den geologischen und geographischen Verhältnissen. Dazu gehören ferner die Zusammenhänge zwischen den natürlichen Gegebenheiten und dem Einfluß des Menschen und seiner Arbeitswelt auf die und in der Natur.

Höhlen sind überwiegend durch natürliche Vorgänge entstanden, während Bergwerke völlig oder doch fast vollständig auf die Tätigkeit des Menschen zurückzuführen sind. Unabhängig von ihrer Entstehung können die Besucher in beiden Einblicke in die geologischen und oft auch biologischen Verhältnisse in ihnen erhalten. Da manche Höhlen früher von Menschen bewohnt wurden und teilweise heute noch vom Menschen genutzt werden, sind in ihnen ebenso wie in Schaubergwerken Kenntnisse über die Geschichte, die Wohn- und die Arbeitswelt der Menschen zu erwerben.

Der Besuch von Höhlen und Schaubergwerken kann nicht nur zu neuen Kenntnissen führen, sondern durch überraschende, abwechslungsreiche Erlebnisse, Entdeckungen und Eindrücke zur Ausprägung der Gefühlswelt beitragen, die Phantasie und den Wissensdurst anregen. Man denke nur an den Anblick von gut ausgebildeten Kristallen, bizarren Tropfsteinen oder Moosen im Bereich von Lampenlicht in Höhlen.

Diesen und anderen Aspekten wird das vorliegende Buch gerecht. Der Besuch von Höhlen oder Bergwerken gemeinsam mit den Eltern ist für die Kinder sicher ein beeindruckendes Erlebnis, wie ich aus eigener Erfahrung weiß. Das Buch liefert dafür nützliche und notwendige Informationen, z. B. über die Lage der zu besuchenden Höhlen und Schaubergwerke, über deren Öffnungszeiten oder über zusätzliche sehenswerte Dinge. Gleichzeitig wird Grundlagenwissen vermittelt, getreu dem Motto: „Nur was man sieht, weiß man. Nur was man weiß, sieht man auch."

Eltern, Lehrer und Schüler können das Buch mit Gewinn nutzen, sowohl zur Vorbereitung auf einen Besuch als auch danach, um das Gesehene zu vertiefen. Das Buch kann also diesem breiten Leserkreis empfohlen werden, weil es dem Anliegen dient, Kindern und Erwachsenen die Mitwelt und Ausschnitte aus der Geschichte der Menschheit näher zu bringen. Ich wünsche dem Buch weite Verbreitung und große Akzeptanz.

Priv.-Dozent Dr. Diethard H. Storch
Presse- und Öffentlichkeitsarbeit
Landesamt für Geologie, Rohstoffe
und Bergbau Baden-Württemberg,
Freiburg/Breisgau

Höhlen und Schaubergwerke. Beide sind beliebte Ziele für Ausflüge mit der Familie. Einen Teil ihrer Beliebtheit verdanken sie dabei sicher auch dem Gefühl „im dunklen Bauch der Erde" unterwegs zu sein, in einer fremden, ganz eigenen Welt, die vielleicht gerade deshalb schon immer eine große Anziehung auf kleine und große Menschen ausübt.

Selbst die kleinste, unscheinbarste **Höhle** ist ein Hauch Erlebnis. Große haben erst recht ihren Reiz, sei es aufgrund ihrer räumlichen Ausdehnung, ihres vielleicht schönen Sinterschmucks oder aber ihrer trotz aller geheimnisvollen Ausstrahlung bequemen Zugänglichkeit. Oft machen erst Führungen den bizarren Formenschatz und/oder die Märchenhaftigkeit der Höhle bewußt.

„Ich wage mich in die Höhle des Löwen", so sagen Menschen oft, wenn sie etwas angehen, das einen gewissen Mut erfordert, wie etwa sich von einem Vorgesetzten oder Lehrer einen Tadel abzuholen. Oft ohne es zu wissen, benutzen sie dabei eine stehende Wendung, die auf eine Fabel Äsops zurückgeht, wo ein Fuchs zum krank in seiner Höhle liegenden Löwen sagt, er würde ihn ja schon gerne besuchen, wenn nicht so viele Spuren hinein, aber nur wenige heraus führten...

Höhlen haben bis heute für Menschen eine starke, meist unbewußte Doppeldeutigkeit. An viele Höhlen knüpfen sich Sagen, in denen sie als Wohnstätten von unheimlichen oder gefährlichen Wesen gelten. Oft wird auch erzählt, daß dort große Schätze aus längst vergangenen Zeiten für den zu holen sind, der unerschrocken und mutig, vor allem aber in aller Bescheidenheit und ohne Hochmut gegenüber geringwertigen Geschenken wie Steinen, Kohlenstücken oder Strohhalmen die ihm zugedachte Probe besteht. Immer schon waren Höhlen aber auch Schutz- und Lebensraum für bedrohte oder ausgestoßene Einzelne: früher für Mensch und Tier; heute für seltene Tiere und Pflanzen.

Kurz, es lohnt, sich mit Höhlen zu beschäftigen, vor allem aber sie zu schützen und zu bewahren.

Die Höhle galt stets als (vermeintlicher) Schatzhort, das **Bergwerk** birgt wirklich greifbare, abbaubare „Schätze", nutzbare Mineralien und Erze nämlich, die ohne Zauberkraft mit körperlicher Arbeit zu gewinnen sind. Dieser scheinbar abenteuerlichen, jedenfalls aber fremden Arbeitswelt nachzuspüren, ist Stoff für weitere lohnende und erlebnisreiche Familienausflüge im zweiten Teil des Buches.

Nach einer Einführung ins jeweilige Thema werden unter der Überschrift „Familien unterwegs" Infos zu Ausflügen gegeben. Sie werden nicht in ausführlichen, tagesfüllenden Wanderungen beschreiben wie in der Reihe „Mit Kindern unterwegs".

Die Reihung der Ziele erfolgt nach geographischen, nicht sachlichen (definitionsbedingten) Gegebenheiten. Zugunsten der Übersichtlichkeit der Ziele und der besseren Planbarkeit der individuellen Ausflüge.

Sinn und Zweck ist es, Anregungen zu geben, wie man als Familie gemeinsam „Neuland" entdecken kann, mit einem kindergerechten Sachbuch, das alles Wissenswerte enthält, vor allem aber Lust auf viele gemeinsame Ausflüge macht. Mit Hinweisen auf Sagen und Geschichten und einem Info-Teil, dem alle für den Ausflug wichtigen Angaben zu entnehmen sind.

So sorgfältig gerade dieser Info-Teil gemacht ist, leider bleibt nicht alles gültig. Preise und Öffnungszeiten ändern sich meist viel zu rasch, aber auch sonst kann sich manches ändern. In einem solchen Fall sind wir, Verlag und Autorin, für entsprechende Hinweise dankbar.

Ein herzliches Danke an dieser Stelle auch allen, die mit Auskünften, Rat, Informationen und Bildmaterial mitgeholfen haben, den vorliegenden Band zu verwirklichen! Ein ebenso herzliches Danke auch allen bekannten und unbekannten kleinen und großen Fotomodellen.

Höhlen und auch Bergwerke zu erforschen macht Spaß. Je mehr man darüber weiß, je mehr man gesehen hat, desto größer wird auch die Begeisterung für dieses Thema. Das konnte ich bei mir selbst und auch bei meinen Mitwanderern beobachten.

„Glück auf!" „Glück tief!" Höhlenforscher und Bergleute haben in vielem ihre eigene Sprache. So auch, wenn sie sich viel Glück und gutes Gelingen wünschen. Da Sie als Familie beides erforschen wollen, die Höhle und das Bergwerk, wünsche ich Ihnen, je nach dem, was Sie sich als erstes Ziel vorgenommen haben, mit dem Gruß der Höhlenforscher „Glück tief!", mit dem der Bergleute „Glück auf!" und viel Spaß bei allen Ausflügen!

Ihre

Birgit Mayer

Höhlen (∩)

∩ Was ist eine Höhle? Wie entsteht sie?

Etwas flapsig könnte man sagen, hohl ist die Höhle. Und tatsächlich ist die einfachste zutreffende Beschreibung die, daß die Höhle ein meist natürlich entstandener Hohlraum ist. Was gleich zur nächsten Frage führt, wie der denn nun wieder entstanden sei. Ein Sprichwort sagt: „Steter Tropfen höhlt den Stein". Sollte wirklich etwa Wasser Höhlen graben können? Wie entstehen Höhlen und welche Arten gibt es? Das soll uns im folgenden näher beschäftigen.

Höhlen können in allen festen Gesteinen, aber auch im Eis und in der Lava entstehen. Eine erste Unterscheidung bei Höhlen ist deshalb die Frage, ob sie gleichzeitig mit dem umgebenden Gestein entstanden sind oder erst später. Höhlen für die ersteres zutrifft, nennt man *Primärhöhlen.* Meist trifft man sie in Zusammenhang mit Lava an. Solche Höhlen gibt es zum Beispiel auf Lanzarote; aber auch hier in unserem Raum gibt es zumindest eine, die so, zugleich mit den umgebenden Gesteinen, entstanden ist: die Olga-Höhle in Lichtenstein-Honau.

Die allermeisten Höhlen sind aber später entstanden. Daher nennt man sie *Sekundärhöhlen.* Meist sind sie die Folge von Auflösung. Dann werden sie auch Karsthöhlen genannt. – Karst ist eigentlich nur der Name einer Landschaft im früheren Jugoslawien, dem heutigen Slowenien. Dort haben Wissenschaftler zum ersten Mal die Voraussetzungen und Erscheinungen beobachtet, die auch unsere Höhlen hier geschaffen haben. –

Die Entstehung von Karsthöhlen ist also an das Vorhandensein von wasserlöslichen Gesteinen gebunden. Meistens ist das Kalk. Wie der Kalkstein, aus dem die Schwäbische Alb aufgebaut ist. In reinem Wasser ist Kalk fast unlöslich. Doch das ist kein Gegensatz zum eben Gesagten: Regenwasser ist kein reines Wasser. Es nimmt aus der Luft Kohlendioxid (Co_2) auf und wird dadurch zu Kohlensäure (H_2CO_3). Richtig, Kohlensäure wie die im Sprudel. – Und die Bläschen, die beim Öffnen einer Flasche Sprudel (oder Mineralwasser) entstehen, sind nichts weiter als das Entweichen des Gases, weil der Druck nachläßt.

Aber zurück zum Thema: Regenwasser ist also in der Lage, Kalkgestein im Laufe von tausenden von Jahren ganz langsam zu lösen. Aber, wie gesagt, nur dann, wenn es ganz langsam versickert und das am besten durch pflanzenbewachsenen Boden, aus dem es – zusätzlich zu der Kohlensäure aus der Luft – weitere Kohlensäure aufnehmen kann.

Was ist „Sinter"? Wie entstehen Tropfsteine?

Der im Wasser gelöste Kalk bleibt aber natürlich nicht immer gelöst, sondern wird irgendwann auch wieder ausgeschieden. Alle Arten von Kalkausscheidungen im Wasser nennt man Sinter. Damit hat man für Höhlenbegehungen schon viel gelernt, weil dort immer wieder auf den Sinter hier und den Sinter dort hingewiesen wird.

Wenn kalkhaltiges Wasser die Höhlenwände herunter läuft und der Kalk dabei ausgeschieden wird, überzieht er im Laufe der Zeit mehr oder weniger dick die Wände. Diese Schichten nennt man dann *Sinter.*

An abfallenden Wänden bilden sich Terrassen aus Sinter, sogenannte Sinterbecken. Rinnt das Wasser wie in Fäden die Wände herab, entstehen Sintervorhänge, Sintergirlanden oder Sinterröhrchen.

Im Deutschen wird Sinter oft mit Tropfstein gleichgesetzt, was aber so nicht richtig ist. Um Tropfsteine entstehen zu lassen, ist eine sehr hohe Anreicherung von Kalk im Wasser nur eine der notwendigen Voraussetzungen. Eine andere, noch wichtigere, ist, daß das Wasser senkrecht von der Decke auf den Boden fällt.

Doch auch das erklärt noch nichts...

Wie und warum bilden sich also *Tropfsteine* nun ganz genau? Schuld ist die Höhlenluft, die viel weniger CO_2 enthält und dieses dem Wassertröpfchen entzieht, sobald es aus einer Spalte in der Höhle austritt. Dadurch wird der Kalk wieder aus der Verbindung mit Wasser gelöst, fällt zu Boden und genau an der Stelle, wo der Kalk wieder und wieder auftrifft, ist so der Anfang zu einem Bodentropfstein, einem sogenannten *Stalagmit,* gemacht. Manchmal ist aber auch so viel Kalk im Wasser gelöst, daß der Kalk an der Decke haften bleibt, der Tropfstein von oben nach unten wächst, dann spricht man von einem *Stalaktit.* Und wenn sie von oben und von unten aufeinander zu wachsen und zu einer Säule verschmelzen, sagt man, es sei ein *Stalagmat* entstanden.

Ein Tropfstein wächst nur sehr, sehr langsam. Eigentlich weniger als das, unvorstellbar langsam! In unseren Breiten zwischen 0,1 Millimeter im Jahr und 3,8 Millimeter in einem ganzen Jahrhundert! Und das nur dann, wenn über die ganze Zeit hinweg auch kalkhaltiges Wasser zugeführt wird. Große Tropfsteine dürften daher mindestens 3 000 bis 4 000 Jahre alt sein. Vielleicht ist nun erst klar, weshalb man Tropfsteine bei einem Höhlenbesuch nicht beschädigen darf, und daß es unverzeihlich ist, sich einfach ein Stück als Souvenir abzuschlagen. Zumal auch der schönste Tropfstein an der Luft schnell blaß und glanzlos wird!

In Schauhöhlen haben die schönsten Tropfsteingebilde meist Namen: Oft bekommt man die „Hochzeitstorte", den „Turmbau zu Babel" gezeigt. Wer mit wachen Augen und etwas Phantasie durchs Leben geht, hat meist keine Schwierigkeiten, im Tropfstein die angesprochenen Bilder zu erkennen. Der Phantasie sind darüberhinaus keine Grenzen gesetzt. Vielleicht entdeckt man ja selbst etwas Neues in einem Tropfstein, das so noch keiner gesehen hat? Gerade das macht ja den Reiz einer Tropfsteinhöhle aus, daß jede trotz vergleichbarer Entstehungsbedingungen ihren ganz eigenen Charakter hat.

Übrigens: Ausnahmen bestätigen ja bekanntlich die Regel und so gibt es kleine Tropfsteine, die sich nicht an die Regel halten, nur von oben nach unten oder umgekehrt (entsprechend der Schwerkraft) zu wachsen. Diese wachsen in wilden Windungen, mal nach oben, mal waagrecht, mal nach unten in den Raum hinein. Solche zarten Tropfsteinröhrchen nennt man *Excentriques* oder *Exzentriker*. Im normalen Sprachgebrauch steht das Fremdwort „exzentrisch" für jemanden, der sich ungewöhnlich oder ganz einfach anders als andere verhält und so gesehen läßt sich das vielleicht schwierige Wort doch gut merken...

Aber auch ohne Kalk kann Wasser Tropfsteine bilden. Aus Eis nämlich. Solche Eistropfsteine finden sich bei uns nur im Winter und nur an Höhleneingängen. Damit sie sich im Höhleninneren bilden können, muß die Durchschnittstemperatur während das ganzen Jahres unter null Grad Celsius liegen und die Höhle muß zudem eine bestimmte Form aufweisen. Sie muß vom Eingang als höchstem Punkt nach unten führen. Klar, daß solche Höhlen in Württemberg nicht zu finden sind. Aber vielleicht macht die Familie ja einmal Urlaub in Berchtesgaden. Dann ist ein Ausflug in die Schellenberger Eishöhle bei Marktschellenberg mit Sicherheit ein phantastisches Erlebnis!

Als letzte der verschiedenen Formen, die im Höhleninneren zu finden und deshalb auch zu erklären sind, sei die sogenannte *Montmilch* (auch Mondmilch oder Bergmilch) angeführt. Sie besteht aus einer pulverigen Masse, die sich aus ganz feinen Kalkkristallen und Wasser zusammensetzt. Sie kann sich nur in Höhlen mit guter Belüftung bilden, wo eine relativ starke Wasserverdunstung herrscht. Zu wissen, was Montmilch ist, ist deshalb wichtig, weil viele Höhlen nur entdeckt wurden, weil man auf der Suche nach gerade dieser Substanz war. Früher glaubte man nämlich, damit Augenkrankheiten heilen zu können.

Es gibt viele Arten von Höhlen. So viele, daß sich manche fragen, ja muß ich das denn wissen? Eigentlich nicht. Wer sich aber für Höhlen so interessiert, daß er sich dieses Buch kauft und damit unterwegs ist, der will natürlich mehr und genaueres wissen. Für diese Familien sind die folgenden Erklärungen gedacht:

Grundsätzlich unterscheidet man *Schauhöhlen*, das heißt der Öffentlichkeit, meist auch mit Führungen, zugänglich gemachte, gut ausgebaute und beleuchtete Höhlen, und *wilde Höhlen*, das heißt nicht erschlossene Höhlen.

Am Anfang aller weiteren Einteilungen steht bei Höhlen stets die Frage, ob sie *aktiv* ist. Aktive Höhlen, wie zum Beispiel die Tschamberhöhle bei Karsau-Riedmatt (Kreis Lörrach), ändern sich noch. Der Gegensatz dazu ist die *inaktive* Höhle.

Die nächste Frage lautet: Ist sie eine *primäre* oder eine *sekundäre* Höhle. Diese Unterscheidung wurde vorher unter der Überschrift „Was ist eine Höhle? Wie entsteht sie?" erklärt. Auf die allermeisten der in diesem Band aufgeführten Höhlen trifft letzteres zu.

Höhlen werden auch nach der Temperatur, die in ihnen herrscht, unterschieden. Steigt die Höhle nach dem Eingang an, ist die Luft in ihr, vor allem im Winter, relativ warm. Man nennt sie dann eine Höhle vom Typ *Backofen*. Fällt der Höhlenraum nach dem Eingang ab, ist es in der Höhle spürbar kühler als draußen, spricht man vom *Eiskellertyp*.

Dann wird es spezieller. Es geht um die Beschreibung der Höhle als solche.

Bröller sind Höhlen, aus denen nach der Schneeschmelze oder nach heftigen Regenfällen gelegentlich mit lautem Geräusch, fast wie mit einem „Brüllen", Wasser herausschießt. Solche Bröller gibt es auf der Alb ziemlich viele. Ein Beispiel dafür ist der Elsachbröller bei der Falkensteiner Höhle.

Durchgangshöhlen besitzen mindestens zwei voneinander unabhängige Eingänge. Liegen diese auf unterschiedlichen Höhen, weht oft ein deutlich spürbarer Wind. Für diese Höhlenart gibt es viele Beispiele. Es sei nur, als eine für alle, die Heimensteinhöhle genannt.

Klufthöhlen sind meist ziemlich hoch und oft auch sehr schmal, so, wie die Gustav-Jakobs-Höhle.

Schachthöhlen führen meist steil in die Tiefe. Einen Schacht gibt es auch im Bergbau; in einer Höhle ist damit ein senkrecht in die Tiefe führender Höhlengang gemeint. Eine echte Schachthöhle ist nur die Laichinger Tiefenhöhle.

Wasserhöhlen sind Höhlen, die ständig Wasser führen, wie der Blautopf oder die Falkensteiner Höhle.

Ein Typ sei zum Schluß genannt: die *Tropfsteinhöhlen*. Brauchen die noch eine Erklärung?

Höhlen gibt es eigentlich überall auf der Welt. Wer Spaß am Besuch von Höhlen gefunden hat, wird überall auf der Welt welche finden, in Österreich, der Schweiz ebenso wie auf Mallorca, in Südafrika oder gar auf Barbados, um nur ein paar Beispiele zu nennen.

Doch bleiben wir vorerst einmal in Deutschland. Allein da würde es den Band restlos sprengen, auch nur alle Schauhöhlen aufzuführen, von denen es in fast jedem Bundesland mehrere gibt. Ganz abgesehen von den sogenannten „wilden" Höhlen.

Die Beschränkung dieses Bandes auf den Südwesten Deutschlands ist deshalb zunächst eine rein willkürliche Beschränkung. Da jedoch hier alle Arten von Höhlen vertreten sind, das grundsätzlich Wichtige von einem Beispiel aus auf andere übertragen werden kann, ist die scheinbare Beschränkung nur von Vorteil. Eine Tropfsteinhöhle, ob sie in Deutschland, der Schweiz oder sonstwo auf der Welt zu finden ist, hat immer die gleichen Entstehungsbedingungen.

Der Begriff „Karst" wird als Fachausdruck für alle Landschaften verwendet, die sich durch Höhlenbildung und ein spezielles oberirdisches Erscheinungsbild auszeichnen. Gerade Baden-Württemberg, mit 35 751 Quadratkilometern drittgrößtes Bundesland in Deutschland, ist, was allgemein kaum bekannt ist, zu 40 Prozent verkarstet. Hier gibt es daher auch mehr Höhlen und Schauhöhlen als in jedem anderen Bundesland.

Die Schwäbische Alb ist das klassische Karstgebiet in Baden-Württemberg. Auf rund 180 Kilometer Länge und 40 Kilometer Breite treten hier in den Gesteinen des Oberen Jura alle typischen Merkmale des Karstes auf, darunter 2 340 Höhlen, die als geologische Aufschlüsse, Wasserwege, archäologische und paläontologische Fundstätten ebenso wie als Lebensräume für bedrohte Tierarten auch für uns Menschen wichtig sind.

Die Muschelkalkgebiete, die noch älter als die des Jura sind, weisen zum Beispiel am Dinkelberg im Westen Württembergs, ebenfalls alle Merkmale des Karstes auf, wurden aber erst ab Mitte der 1960er Jahre in dieser Hinsicht erforscht. Daß hier eventuell noch mit Entdeckungen zu rechnen ist, zeigt das noch gar nicht so lange zurückliegende Auffinden der Eberstadter Tropfsteinhöhle.

Neben diesen beiden Hauptkarstgebieten tritt eine Vielzahl an Erscheinungen auf, die lokal wichtig, flächenmäßig aber wenig verbreitet sind. Bedeutsam sind sie vor allem deshalb, weil hier sogenannte Primärhöhlen (vgl.: „Was ist eine Höhle? Wie entsteht sie?") auftreten können, deren größte und bekannteste die als Schauhöhle zugängliche Olgahöhle in Lichtenstein-Honau ist.

Soviel zum Allgemeinen. Welche Höhlen des Südwestens in diesem Buch berücksichtigt sind, wo genau sie zu suchen sind, darüber gibt die Kartenskizze auf der hinteren Umschlagseite Auskunft.

Endlich da! Jetzt wird's spannend.

Wer erforscht Höhlen wissenschaftlich und warum?

Wenn es die Höhlen nicht gäbe, in denen die Jäger aus der Eiszeit Schutz vor Wind und Regen gefunden hätten, wenn sie dort nicht ihre Werkzeuge vergessen oder liegengelassen hätten, wenn sie im Laufe Tausender von Jahren nicht die gleichen Rastplätze wieder und wieder aufgesucht hätten, dann wäre die Wissenschaft heute nicht oder nur schwer in der Lage, sich und uns ein Bild zu machen über die Lebensweise und die Lebensgewohnheiten unserer frühen Vorfahren.

Erste Höhlenbeschreibungen finden sich ab der Mitte des 15. Jahrhunderts. Beschreibungen im eigentlichen Sinn sind das jedoch noch lange nicht. Im Gegenteil. „Wilde" Spekulationen wurden dabei ganz selbstverständlich hergenommen, um beobachtete Sachverhalte zu erklären. Ein Beispiel dafür ist eine der ältesten Höhlenbeschreibungen, die ein Dominikanermönch namens Felix Gabri 1488 über die Sirgensteinhöhle (s. Höhlenteil, Kapitel 16) bei Blaubeuren verfaßt hat und in der es unter anderem heißt, bei der gewaltigen Ausdehnung der Höhle könne man gar nicht anders als zwingend daraus zu schließen, sie sei vom „Schöpfer der Welt" eigens für einen Zyklopen, einen einäugigen Riesen, geschaffen worden.

Erst aus dem 18. Jahrhundert liegen dann Berichte vor, die diesen Namen wirklich verdienen. Es gibt erste Vermessungen und einen ersten Höhlenplan. Bald gab es auch erste Grabungen, wie zum Beispiel in der Schillerhöhle bei Hohenwittlingen, wobei jedoch nur Tierknochen von Interesse waren. Nach Überresten menschlicher Hinterlassenschaften wurde erst gar nicht gesucht und der Abraum kurzerhand den Berg hinunter gekippt. Erst Oscar Fraas (1824 – 1897), der Konservator am Königlichen Naturalienkabinett in Stuttgart war, wurde zum Begründer der urgeschichtlichen Forschung in Württemberg, als er durch die Funde von menschengemachtem Werkzeug den Beweis erbrachte, daß der Mensch Zeitgenosse der eiszeitlichen Tierwelt war. Das aber war der Beginn einer geradezu hektischen Ausgrabungswelle.

1889 gründete der Pfarrer Karl Gußmann, der Entdecker der Gutenberghöhlen in Gutenberg den „Schwäbischen Höhlenverein" „zwecks Erforschung schwäbischer Höhlen". Weitere Höhlenvereine entstanden nach dem Zweiten Weltkrieg. Sie alle waren letztlich die Basis für den 1955 gegründeten „Verband der deutschen Höhlen- und Karstforscher", der wiederum den Anstoß zu weiteren und intensiveren Forschungen gab. Die Ergebnisse daraus wurden im „Höhlenkataster Schwäbische Alb" in Laichingen zusammengefaßt. 1990 schließlich wurde der „Landesverband für Höhlen- und Karstforschung Baden-Württemberg" gegründet.

Heute wird bei Grabungen so sorgfältig gearbeitet, daß sich viele, die darüber lesen, die Frage stellen, ob sie selbst die nötige Geduld dafür aufbrächten? Dort, wo gegraben werden soll, wird der Boden in Quadratmeter und Viertelquadratmeter eingeteilt. Dann wird gegraben. Aber nicht etwa mit Schaufeln, sondern mit feinen und feinsten Spezialgeräten: Stukkateureisen, Spatel, Zahnarzthäkchen und Pinsel.

Der abgetragene Boden und die Funde werden genau vermessen und dokumentiert. Maßstabsgenaue Zeichnungen werden gemacht. Die gewonnenen Daten werden meist noch in der Höhle in Computer eingegeben. Schließlich werden vom Erdmaterial noch einmal

Ausgrabungsszene im Stadtmuseum Engen

Proben zurückgehalten, der Rest wird geschlämmt, das heißt mit Wasser durchspült, damit auch nicht kleinste Funde übersehen werden. Erst dann beginnt die endgültige Auswertung im Labor, bei der heute Forscher der unterschiedlichsten Fachrichtungen zusammenarbeiten: Geographen erkunden die Entstehung der Höhlen. Biologen erforschen die Tier- und Pflanzenwelt. Paläontologen graben nach den Überbleibseln urzeitlicher Tiere und Pflanzen, sowie menschlichen Hinterlassenschaften. Archäologen und Historiker stellen den Zusammenhang aller Ergebnisse her.

Nicht selten ist es der Name der Höhle, der uns neugierig macht. Der uns hinfahren und eine Höhle besuchen läßt. Da kann es nicht ausbleiben, daß man überlegt, wie kommt denn so eine Höhle zu ihrem Namen. Was kann man vielleicht schon rein aufgrund ihres Namens von ihr erfahren.

Vor dem „Seßhaftwerden" der Menschen in der (älteren und mittleren) Steinzeit schätzte man Höhlen als gelegentliche Rast- und Ruheplätze während der Jagd. Als dann die Menschen in Hütten, später in Häusern lebten, wurden ihnen die Höhlen so unwichtig, daß man oft vergaß, wo überhaupt welche waren.

Wann und vor allem warum lange später Höhlen zu etwas Gefährlichem, zumindest etwas Unheimlichen wurden, weiß man nicht. Bis ins 19. Jahrhundert wurden Höhlen nach Möglichkeit gemieden, in Kriegszeiten oder von aus der dörflichen Gemeinschaft ausgegrenzten Einzelnen aber immer wieder als Zufluchtsorte aufgesucht.

Auf Wanderkarten gehören Höhlennamen zu den Flurnamen. Wie alle Flurnamen wurden sie nach einer vielleicht besonders auffälligen Eigenschaft ausgewählt oder aber sie stehen in irgendeiner Beziehung zu (vielleicht in Chroniken nachweisbaren) Menschen, zu Heiligen oder zu Naturerscheinungen. Wer sich nur ein klein wenig mit diesen Namen beschäftigt, weiß schon mehr als viele andere!

Höhlennamen haben oft mit dem Teufel oder der Hölle zu tun. Das ist ein Merkmal, an dem man die am längsten bekannten Höhlen erkennen kann. Solche Namen gehen, so meint man, zurück auf die Zeit, als die Menschen bereits seßhaft geworden waren und in Höhlen nur noch etwas Unheimliches, Dunkles, Düsteres sahen.

Einige Höhlen, besonders auf der Schwäbischen Alb, haben Namen wie „Hohler Stein", „Hohler Felsen". Die meisten dieser Höhlen wurden im ausgehenden 15. Jahrhundert entdeckt und benannt. Ganz ähnlich verhält es sich auch mit dem Namensbestandteil „Loch" oder auch „Ofnet".

Bei fast allen Höhlen, die nach Personen oder nach Flurnamen benannt sind, kann man damit rechnen, daß sie erst innerhalb der letzten hundert Jahre entdeckt wurden. Das sind die meisten.

Nur wenige Höhlen haben ihren Namen ihren Eigenschaften oder in ihnen gemachten Funden zu verdanken. Ein bekanntes Beispiel für letzteres ist die weithin bekannte Bärenhöhle bei Erpfingen.

Was aber fast noch interessanter ist als die eigentlichen Höhlennamen, sind die vielen, auch vielfältigen Sagen und Geschichten, die sich um einzelne Höhlen ranken. Von gar nicht so wenigen davon wird später (bei den entsprechenden Höhlen) noch die Rede sein. Ausführlich geschieht das am besten dort, wo sie am interessantesten sind. Im Info-Teil, wenn die jeweilige Höhle beschrieben wird. Einiges soll und darf aber schon hier genannt werden.

Einige erzählen von Riesen. So zum Beispiel vom Riesen „Heim", der auf Schloß Reußenstein und in der Heimensteinhöhle gelebt haben soll. Häufiger noch sind Geschichten über Wichtel oder Erdmännle, zum Beispiel aus der Erdmannshöhle bei Hasel. Gemeinsam ist allen diesen Sagen, daß die Erdmännle nur so lange den Menschen selbstlos helfen, bis sie dabei entweder beobachtet werden, oder die Menschen ihnen mit Kleidung oder Belohnung, in welcher Form auch immer, danken wollen. Sie dürfen dann nicht wiederkommen und verschwinden auf immer. Einige erzählen auch von Drachen, die in manchen Höhlen gehaust haben sollen. Diese Erzählungen haben oft einen wahren Kern. Sei es, daß die Menschen damals das Rauschen und Tosen des Wassers in den Bröllern für Drachenfauchen hielten, oder, wie damals in Slowenien, man die blinden, bleichen Grottenolme fand und glaubte, es seien Drachenjunge.

Durch die Dunkelheit, das ganz andere Klima der Höhle, das grob vereinfacht ja genau das Gegenteil der Außenwelt ist, scheint die Höhle eher ein lebensfeindlicher Raum zu sein. Doch das stimmt so nicht.

Von den Tieren, die in Höhlen lebten und leben, kennt man im ersten Moment nicht allzuviele. Früher lebten da Höhlenbären, heute nur noch Fledermäuse, werden viele vermuten.

Höhlenbären hat es tatsächlich, recht zahlreich sogar, gegeben. Der Höhlenbär war eine eigene Art, aber eng verwandt mit dem Braunbären. Knochen und Zähne von ihm hat man in vielen Höhlen gefunden.

Wie groß war wohl der ganze Bär?

Am bekanntesten wurden die Funde aus der Bärenhöhle bei Erpfingen. Dort ist in der Höhle auch ein komplettes Skelett montiert aufgestellt. Und selbst als Skelett wirkt der Bär irgendwie bedrohlich. Eigentlich aber wollte er von den Menschen nichts und die Menschen nichts von ihm. Die Bären lebten überwiegend von pflanzlicher Nahrung, die Menschen damals jagten vorzugsweise andere Tiere, die nicht in Höhlen lebten.

Einer der wenigen echten Höhlenbewohner aber hat ganz besonders viel Aufsehen erregt. Genau besehen ist er Schuld daran, daß das Gerücht entstand, in manchen Höhlen würden Drachen hausen: Der Olm ist ein „echtes“ Höhlentier, eine Art Eidechse, blind und farblos, die friedlich von eingeschwemmten Würmern und Insekten lebt. Doch als man die (nur in Südosteuropa vorkommenden) Olme Ende des 18. Jahrhunderts überhaupt zum ersten Mal in Slowenien entdeckte, hielt man sie für junge Drachen oder, wie man die damals nannte, junge Lindwürmer.

Das einzige größere Tier, das auch heute noch, wenn auch nur zeitweilig in Höhlen lebt, ist die Fledermaus: Fledermäuse nutzen Höhlen tagsüber zum Schlafen – nachts jagen sie draußen nach Insekten – und als Quartier für ihren Winterschlaf. Während des Winterschlafs gleichen die Tiere ihre Körpertemperatur der in der Höhle herrschenden Temperatur an, ihr Blut zirkuliert dann erheblich langsamer und ihre Herzschlagfrequenz senkt sich von rund 300 Schlägen pro Minute auf nur ganz wenige. Ohne die in der Höhle herrschende Feuchtigkeit würden ihre Flughäute während des Winterschlafs austrocknen.

Erst, wenn man weiß, wie sehr die Tiere im Winter während ihres Winterschlafs ihre körperlichen Funktionen einschränken, wird klar, warum die meisten Höhlen von November bis April gesperrt sind, und auch für all die anderen gilt der dringende Appell der Naturschützer, zumindest Trockenhöhlen im Winter überhaupt nicht zu betreten. Wer es dennoch tut und dabei auf eine Fledermaus stößt, darf sie nicht berühren oder sie mit der Taschenlampe anstrahlen, sonst wacht sie auf.

Früher gab es so viele Fledermäuse, daß man zum Beispiel im Hohlen Fels bei Schelklingen noch 1844 ihren Mist regelrecht als Dünger abbaute und als „schwäbischen Guano“ pries. Der Schreiber gab an, zwei zweispännige Wagen „Vogelmist“ selbst geholt und zum Düngen seiner Kartoffeläcker verwendet zu haben. Es seien aber ganze Häufen auch in anderen Höhlen der Alb zu finden und kostengünstig auszubeuten. Heute dagegen sind Fledermäuse leider so selten geworden, das man sich über jede einzelne Fledermaus freut, die in einer Höhle überwintert. Alle Höhlenfreunde sind sich deshalb darin einig, daß die Fledermäuse unseren ganz besonderen Schutz brauchen, und tun alles, um ihren Bestand zu erhalten.

Was sonst noch in der Höhle lebt, sind Fliegen, Mücken, Milben oder Spinnen, oft in erstaunlicher Vielfalt. Unter ihnen entdecken Forscher sogar jetzt noch gelegentlich neue Arten.

Eines der Erlebnisse, die man „unter Tage“ am wenigsten erwartet, egal ob man nun in einer Höhle oder in einem Bergwerk steht, ist, wenn man plötzlich weit entfernt von direkter Sonneneinstrahlung auf lebende Grünpflanzen trifft. Doch weil man bei näherem Hinsehen rasch merkt, daß sie sich auf die engere Umgebung von Glühbirnen, Strahlern oder sonstigen Lampen beschränken, spricht man bei solchem Pflanzenvorkommen von „Lampenflora“. Pflanzenforscher (Botaniker) haben herausgefunden, daß es aber gar nicht so wenige Arten sind, die in so lebensfeindlicher Umwelt auf Dauer leben können.

Die Sache mit den Höhlenmenschen

Funde, die menschliches Leben in Höhlen zu belegen schienen, schufen den Mythos vom „Höhlenmenschen". Was für Funde waren das? Was hat es damit auf sich?

In vielen Höhlen wurden Funde von Werkzeugen, Knochen- und Aschenresten, manchmal sogar von Kunst-, oder Kultgegenständen gemacht. Dies führte zur Annahme, die Menschen früherer Zeit hätten dauerhaft in eben diesen Höhlen gelebt, weil sie ja sonst keine Unterkunft hatten. Aber gab es den Höhlenmenschen wirklich? Die neuere Forschung sagt nein. Heute glaubt man zu wissen, daß die Menschen vor gut 12 000 Jahren im jahreszeitlichen Wechsel das Land in kleinen Gruppen durchstreiften. Sie waren Sammler und Jäger und brauchten weite Gebiete, um genügend Nahrung zu finden. Im Herbst sammelten sie sich zu größeren Gruppen, um gemeinsam zu jagen. Zur menschlichen Jagdbeute gehörten Mammut, Wildpferd, Rentier, Steinbock, Hase, Vögel und Fische. Schwerpunkt war an erster Stelle die Jagd auf das Rentier, gefolgt von Steinbock und Mammut. Mammutknochen wurden auch als Brennmaterial genutzt, da es nur wenige Bäume gab und Holz deshalb kostbar war. Rengeweih dagegen war einer der wichtigsten Rohstoffe zur Herstellung von Werkzeugen. Als ein Glücksfall für die Wissenschaft erwies es sich daher, daß es 1996 Hinweise auf vollständig erhaltene Mammuts auf der Halbinsel Taimyr, im ewigen Eis am Rande Sibiriens gab. Mit Radar konnten dort 7 bis 8 der vor 10 000 bis 47 000 gestorbenen Tiere ausfindig gemacht werden. Eines davon wurde 1998 in rund 6 Meter Tiefe ausgemacht und teilweise geborgen. Unter großen Schwierigkeiten übrigens, schließlich herrschen dort minus 36 Grad Celsius.

Die großen Eiszeittiere lebten nicht ständig hier. Wegen des geringen und mit den Jahreszeiten wechselnden Angebots an Gräsern zogen die Herden auf regelmäßigen Wanderungen durchs Land. So kamen die Rentierherden im Herbst aus einem Raum, der dem heutigen Alpenvorland entspricht, über die Schwäbische Alb herüber in das Gebiet am Neckar, wo sie den Winter über blieben. Auf dem Weg dorthin fingen die Jäger sie ab, drängten sie zu Engstellen, wie zum Beispiel am Petersfels bei Engen. Normalerweise lebten die Jäger, Indianern gleich, in Zelten aus Rentierfellen. Höhlen dienten nur als Rastlager, um Beute zu belauern oder um das erbeutete Fleisch zu verarbeiten und es für eine Zeitlang haltbar zu machen. Wie sie die Rentiere erlegten und verarbeiteten, zeigen zwei Dioramen, das sind mit Püppchen nachgestellte Szenen im Städtischen Museum in Engen. Die von den eiszeitlichen Jägern verwendeten Geräte und Jagdwaffen sowie die vermutlich von ihnen getragene Kleidung wurden für die Ausstellung ebenfalls rekonstruiert und sind interessant anzuschauen.

Die Herstellung und der Gebrauch der Werkzeuge werden zusätzlich in einem spannend gestalteten Videofilm gezeigt.

Aber schon damals lebten die Menschen nicht allein für den Bauch, für die Befriedigung ihrer Grundbedürfnisse. Zwar findet man in den Höhlen in unserem Raum keine Malereien wie die berühmt gewordenen aus Lascaux in Südfrankreich. Kleine Kunststatuetten, Ausdruck eines frühen Kunstwillens und einer großen Kunstfertigkeit gibt es aber allenthalben: die Tierskulpturen aus dem Lonetal, das Halbrelief eines Menschen auf Mammut-Elfenbein aus dem Geißenklösterle bei Blaubeuren oder die „Venus" aus dem Petersfels bei Engen.

In Höhlen entdeckte man die Funde ganz einfach deshalb, weil sie hier erhalten blieben. Bedeckt nur von den im Laufe der Zeit hereingewehten Blättern und von Erdschichten, lagen die Hinterlassenschaften dieser Menschen geschützt, bis sie im Zuge von Grabungen gefunden wurden. Und wo genau sollte man auch im Freien nach einer der Feuerstellen jener eiszeitlichen Jäger suchen?

Neuesten Forschungen zufolge soll es in der als Eiszeit bekannten Erdepoche übrigens gar nicht so viel kälter gewesen sein als heute: Zwar war es rund fünf Grad Celsius kälter, dafür war mehr Eis in den Polkappen gebunden. Deshalb gab es auch weniger Wolken und durch die stärkere und ungehindertere Einstrahlung konnte die Sonne wiederum sehr viel intensiver wirken. Zumindest im Sommer.

Allem eben Gesagten zum Trotz, hat es, abgesehen von den vielen Sagen und Geschichten, die sich um Höhlen ranken und von denen etliche später auch noch angesprochen werden, drei Bücher gegeben, die die Phantasie vieler Menschen des 19. und 20. Jahrhunderts mehr und länger beschäftigt haben, als je zu erwarten gewesen wäre: der „Rulaman" des Friedrich Weinland, auf den an anderer Stelle noch näher eingegangen wird, ebenso wie der „Lichtenstein" Wilhelm Hauffs. Manche Eltern erinnern sich vielleicht auch noch an „Die Höhlenkinder" von A(lois) Th. (Tluchor) Sonnleitner, deren Verfilmung in den fünfziger und sechziger Jahren von keinem Kind versäumt werden durfte. Es ging dabei um die Geschichte von Eva und Peter, zwei Kindern, die allein in ein einsames Hochgebirgstal in den Dolomiten flüchten müssen. Ganz allein auf sich gestellt müssen sie nun lernen, zurechtzukommen. Das heißt auch, sie müssen lernen, sich Nahrung und Werkzeuge zu beschaffen, Feuer anzumachen und sich gegen die Witterung und gegen Raubtiere zu schützen und als „Höhlenkinder" sozusagen noch einmal die Entwicklung des Menschen nachvollziehen.

Heute, am Ende des Jahrtausends ist (der technisierten Welt zum Trotz?) das Interesse am „Höhlenmenschen" von neuem erwacht.

Zum einen vermutlich aus einer Art Nostalgie heraus, oder wie sonst sollte man die Neuaufnahme des „Rulaman“ als Kinderstück in das Repertoire (des Jahres 1998) am Kleinen Haus der Stuttgarter Landesbühne, erklären? Und zum anderen gibt es heute den Wunsch der Höhlenforscher nach einem Verständlich machen ihrer Arbeit und ihrer Forschungsergebnisse, die der Grund dafür sind, daß „Höhlenfeste“ veranstaltet werden. Was Ursache und Wirkung ist, ob das Fest das Interesse einer breiteren Öffentlichkeit weckt, oder ob das Interesse die Feste ermöglicht, läßt sich so einfach nicht erklären.

∩ Was gibt es für Familien in Höhlen zu entdecken?

Höhlen sind heute als Ausflugsziele so beliebt, daß Höhlenforscher, aber auch Albvereinsgruppen schon den Zulauf beklagen und ihre Höhlen am liebsten verschließen würden. Früher war das anders. Noch um 1800 scheute man sich richtiggehend Höhlen überhaupt zu betreten. Einen ersten Wandel leitete Gustav Schwabs Führer „Die Neckarseite der Schwäbischen Alb" ein. In das neu geweckte Interesse stieß 1826 Wilhelm Hauffs Roman „Lichtenstein". Plötzlich interessierte man sich über die Nebelhöhle auch für die anderen Höhlen der Alb. Die zunehmende Mobilität durch die Bahn und ein anderes Verhältnis zur Zeit (man hatte nun auch mal frei, Freizeit war kein Makel mehr, sondern etwas, was man hatte und auch haben durfte) ließ Leute nun auch vermehrt auf die Alb kommen. Damals kamen die sogenannten Höhlenfeste auf, Feste rund um eine Höhle. Das Nebelhöhlenfest war das erste (1803), andere Höhlen zogen nach.

Heute gibt es eine neue Art von Höhlenfesten, in deren Mittelpunkt nicht mehr die Festivität als solche steht, sondern wo es, wie oben erwähnt, um das Wecken von Verständnis für den gefährdeten Lebensraum Höhle geht, und wo das ganz andere Leben, das die Menschen hier in unserem Raum als eiszeitliche Jäger führten, auf anschauliche Art begreifbar gemacht werden soll. Wer hat nicht schon in Museen die Funde und Werkzeuge gesehen? Wie wurden die hergestellt? Wozu hat man sie verwendet? Diese Fragen sollen durch Ausprobieren, durch eigenes Tun beantwortet werden. Wieviel Spaß das machen kann, was es alles zu erleben gibt und wie geeignet solche Projekttage gerade auch für einen Familienausflug sind, das sollen die folgenden beiden Beispiele zeigen:

Seit 1998 werden im *Brudertal bei Engen* unter dem Motto „Lebendige Steinzeit" die Petersfelstage veranstaltet. Da werden Steinwerkzeuge, Speere und auch Schmuck hergestellt. Da werden Kräuter gesammelt und Fleisch geräuchert, aber auch Schamanenzauber gemacht und gezeigt, wie Fell, Knochen und Sehnen eines zerlegten Tieres weiterverarbeitet wurden. Es fehlen aber auch nicht (wissenschaftliche) Führungen durch den Petersfels und die benachbarte, sonst nicht zugängliche Gnirshöhle.

Ähnlich vom Konzept und Gebotenem her, ist der „Tag der offenen Höhle", der meist das *Geißenklösterle in Blaubeuren-Weiler* ins Zentrum seiner Aktivitäten stellt. Hier gibt es Führungen durch die Höhle, Rentierfleisch vom heißen Stein und ein Familienprogramm „Steinzeit zum Anfassen". Für Kinder (und manche Erwachsene werden deswegen vielleicht sogar ein bißchen neidisch sein) gibt es viel zu tun. Auf Steine werden zum Beispiel mit Naturfarben Malereien aufgebracht, mit Steinwerkzeugen Leder geschnitten und zu Beuteln verarbeitet oder Körner gemahlen und zu Brot gebacken.

„Höhlenmaler" in Aktion

Wegen beiden Programmen sollte man sich jeweils rechtzeitig vorab mit den entsprechenden Verkehrsämtern (Anschrift, Telefonnummern im Info-Teil bei den jeweiligen Höhlen) in Verbindung setzen. Dies ist um so wichtiger, als zu manchen Aktivitäten eine Anmeldung im voraus erforderlich ist.

Und sollte eine Familie bei einem solchen Höhlenfest entdecken, daß sie alle so viel Spaß hatten, daß sie sich eingehender mit dem Thema Steinzeit beschäftigen wollen, dann ist eine Kontaktaufnahme mit der GfU, der „Gesellschaft für Urgeschichte und Förderverein des Urgeschichtlichen Museums Blaubeuren e. V." angesagt. Dort kann man sich auch als Erwachsener an Aktionen beteiligen. In diesem Zusammenhang ist es speziell für Jugendliche und interessierte Eltern gut zu wissen, daß es unter anderem begleitete Wanderungen gibt, wo unter der Führung von Archäologen prähistorische Plätze, zum Beispiel im Lonetal oder in den Ofnethöhlen, aufgesucht werden. All diese Veranstaltungen finden statt oder beginnen im Urgeschichtlichen Museum Blaubeuren.

Was es außerdem noch hier gibt, sind Aktionstage, die man für Schulklassen, aber auch für Kindergruppen aller Art individuell organisiert: Kindergeburtstage, Projekttage, Ferienprogramme, alles ist möglich. Die Preise richten sich nach der Dauer der Veranstaltung und können ebenfalls im Museum für Urgeschichte erfragt werden. Schulen können einen Antrag auf Kostenbeteiligung beim Oberschulamt stellen.

Die Ausflugstips in diesem Band umfassen, was die Höhlen betrifft, zum einen sogenannte **Schauhöhlen**, zum anderen frei zugängliche Höhlen. Entsprechend unterschiedlich sind die Voraussetzungen, unter denen man sie besucht. *Schauhöhlen* sind Höhlen, die bewußt einer breiten Öffentlichkeit zugänglich gemacht sind. Sie sind gut ausgebaut, oft sogar mit befestigten Wegen, gut ausgeleuchtet und damit ebenso bequem wie sicher zu begehen – in der Regel sogar, ohne daß man dabei schmutzig wird. Meist darf man sie nur in Begleitung eines Führers und immer nach Bezahlung eines Eintrittsgeldes erkunden. Ihre gute Erschließung tut ihrer Attraktivität keinen Abbruch. Im Gegenteil. Und meist sind es die schönsten Höhlen, die so nicht nur einem breiteren Kreis zugänglich gemacht, sondern zugleich auch am besten geschützt werden.

Anders verhält es sich mit **frei zugänglichen Höhlen**. Sie erfordern von der Familie mehr Vorbereitung, mehr Selbstdisziplin und Respekt im Verhalten zueinander und gegenüber ihrem „Forschungsziel". Eine Familie, die in eine frei zugängliche Höhle mehr als einen oberflächlichen Blick werfen will, muß anders vorbereitet sein. Was dazu alles gehört? Nun zunächst einmal die *richtige Ausrüstung*. Das fängt bei der Kleidung an. Frei zugängliche Höhlen haben oft lehmige Böden oder feuchte Wände. Schnell ist man irgendwo entlanggestreift und schmutzig geworden. Wer hinterher noch woanders hin will, tut also gut daran, seinen Kindern unter Umständen *Kleidung zum Wechseln* mitzunehmen. Zumindest Wasser, Seife und ein Handtuch sollten im Auto bereit liegen. Wichtig ist auch *festes Schuhwerk*, am besten mit griffigen Sohlen. Gut sind auch Gummistiefel, die lassen sich hinterher am einfachsten säubern. Wer hat, sollte ruhig seinen *Fahrradhelm* mitnehmen. Schnell ist im Eifer, als erster alles zu erkunden, der Kopf angeschlagen. Gut ist auch ein *Seil*, weniger um abzusichern, denn es werden nur problemlos und relativ gefahrlos zu begehende Höhlen vorgeschlagen, sondern um – unter dem Aspekt Erlebnis und Expedition – alle beieinander zu halten. Unbedingt notwendig aber sind mehrere gute *Taschenlampen* mit Ersatzbatterien, damit man nicht im Dunkeln steht, sollte eine ausfallen. Fackeln oder offenes Feuer sind dagegen tabu, sie schwärzen die Höhlenwände und stören oder vertreiben tierische und pflanzliche Höhlenbewohner.

Darüber hinaus kann man natürlich noch anderes brauchen: eine gute Karte des Gebiets nämlich, damit man sein Ziel auch ohne Irrwege erreicht, einen Fotoapparat, um den Ausflug im Bild festzuhalten oder, schöner noch ein Heft, in dem man die Höhle und ihre Umgebung skizziert.

Unverzichtbar ist die Orientierung vorab auf einem der empfohlenen Kartenblätter. Die Höhlen sind zwar nur der Lage nach eingetragen, aber so hat man wenigstens eine Vorstellung, wo ungefähr die unerschlossenen Höhlen zu suchen sind. Die genaue Zugangsbeschreibung findet man in diesem Band, den man unbedingt mit auf den Ausflug nehmen sollte. Schauhöhlen dagegen sind meist gut und schon von weitem ausgeschildert, sie zu finden erfordert keine Anstrengung.

Bei den Schauhöhlen findet sich zumeist ein Kiosk, oft sogar eine richtige Einkehrmöglichkeit. Wer dagegen unerschlossene Höhlen aufsucht, braucht für unterwegs ein Rucksackvesper, etwas zum Trinken, eventuell etwas zum Naschen.

Höhlenfeste, Tage der offenen Höhle, das ist nur die eine Seite, die es für Familien zu entdecken gibt. Das andere ist die – ja wie will man sagen – die „Alltagshöhle“? Um zu einer Höhle zu gelangen, ist meist Wandern angesagt. Wandern ist eine schöne Sache, das Wandern als reiner Selbstzweck dagegen reizt Kinder nicht. Egal, ob groß oder klein, eine Wanderung wird erst dann spannend und schön, wenn es unterwegs etwas zu sehen und zu erleben gibt. Eine Schauhöhle kann da schon sehr reizvoll sein. Manche Familien gehen mit der Zeit und mit etwas Erfahrung aber auch gerne einmal in sogenannte „wilde“, das heißt unerschlossene Höhlen. Wie überall erfordert so etwas mehr Vorbereitung und bedeutet zugleich mehr Verantwortung. Es darf nämlich nicht sein, daß dadurch Gefahren für Menschen entstehen oder – vielleicht nur aus Unverstand – nicht wiedergutzumachende Schäden in der Höhle. Das gilt es sich bewußt zu machen, ehe man mit diesem Band auf Entdeckungsreise geht.

Daß Höhlenschutz im Allgemeinen und besonders in den frei zugänglichen Höhlen eine wichtige Sache ist, versteht sich eigentlich von selbst. Oft werden Fehler gar nicht aus böser Absicht, sondern nur aus dem sprichwörtlichen Unverstand heraus gemacht. Eine Entschuldigung kann und darf das nicht sein. Es ist daher nur richtig, gerade hier ausführlich zu beschreiben und zu erläutern, was notwen-

Ein paar Worte zum Höhlenschutz...

dig ist, um Höhlen auch weiterhin als einen Lebensraum für Tiere und Pflanzen mit ganz besonderen Bedürfnissen zu erhalten.

Für den Besuch jeder Höhle gilt deshalb die Aufforderung:

Nimm‘ nichts mit,
laß‘ nichts zurück,
zerstöre nichts
und schlage nichts tot!

Eigentlich sind diese Aufforderungen ja unmißverständlich. Trotzdem. Es gibt Sachen, die sind so wichtig, daß man lieber einen Satz mehr dazu sagt.

Nimm‘ nichts mit! In Höhlen darf man nicht graben und vor allem nichts von den Wänden entfernen. Keine Steine, keinen Sinter, vor allem keinen Tropfstein.

Laß‘ nichts zurück! Keinen Abfall, aber auch keinen Stock oder andere Gegenstände, die man vielleicht mit in die Höhle genommen hat. Verwende auch keine Fackeln oder Kerzen, um die Höhle zu erkunden. Eine Taschenlampe tut den gleichen Zweck viel besser und schädigt die Wände nicht durch Ruß- oder Wachsrückstände. Auch wenn man vor Höhlen oft Feuerstellen findet, man sollte sie nicht benutzen, weil auch von ihnen Rauch in die Höhle ziehen und darin lebende Tiere stören oder gar töten kann.

Zerstöre nichts! Schlage keinen Tropfstein ab, du weißt ja, wie langsam sie wachsen. Hinterlasse keine Schriften oder Kritzeleien an den Wänden.

Schlag‘ nichts tot! Auch Höhlenspinnen und Insekten haben ihren Platz im sensiblen Lebensraum Höhle. Von November bis März sollte man in keine Höhle gehen, hauptsächlich um möglicherweise hier ihren Winterschlaf haltende Fledermäuse nicht zu stören. Und sollte jemand trotzdem einmal auf eine stoßen, darf man sie keinesfalls berühren, auch nicht lange anleuchten und sollte möglichst rasch weggehen.

Nur was man sieht, weiß man. Nur was man weiß, sieht man auch. Nimmt man alle bekannten Höhlen nur in Deutschland, ist das allein schon viel zu viel. Im folgenden ist deshalb eine Auswahl getroffen worden, die interessante, aber nur gut zugängliche und ungefährliche Höhlen für einen Besuch mit der Familie vorschlägt – dies sowohl im Bereich der Schauhöhlen, als auch der sogenannten „wilden“ Höhlen. Wichtig ist dabei in erster Linie der Spaß mit der Familie, mit Freunden und Bekannten gemeinsam „Neuland“ zu entdecken. Wo bleibendes Interesse geweckt ist, findet sich überall, auch im Ausland, reichlich Gelegenheit zu weiteren, interessanten Höhlen besuchen.

∩ Familien unterwegs. Ziele mit Infoteil.

Die Reihenfolge, in der die Höhlen hier aufgeführt sind, beinhaltet weder eine Wertung, noch eine inhaltliche Beziehung. Für die Reihenfolge ist ausschließlich die geographische Nähe der einzelnen Ziele zueinander entscheidend. So können Familien und Gruppen selbst Ausflüge unter Umständen zu mehreren Höhlen zusammenstellen, mit eigenen Schwerpunkten nach Interesse und Alter innerhalb der Familie oder Gruppe.

Die „weiße Frau" bittet zur „Hochzeitstorte"... konnte man in einer Pressemitteilung der Stadt Buchen einmal lesen. Was damit gemeint war? Zwei von vielen Attraktionen aus der bekannten „Eberstadter Tropfsteinhöhle". Die „weiße Frau", nur soviel sei verraten, ist ein rund ein Meter hoher, weißer Stalagmit, dessen Form an eine madonnenhafte Frauengestalt erinnert.

Alle Hauptattraktionen der Höhle befinden sich im hinteren Drittel der Höhle. Auch die Gruppe von riesigen Tropfsteinen, die mehrere Meter hoch sind und einen Durchmesser von über einem Meter haben. Wer weiß, daß Tropfsteine sehr, sehr langsam, oft nur einen Zentimeter in hundert Jahren wachsen, kann sich ausmalen, wie alt dann diese hier sein müssen.

Der Formenschatz an Sinterbildungen in der Höhle scheint unerschöpflich. Selbst die so seltenen „Exczentiques", die sich unabhängig von der Regel der Schwerkraft nach allen Seiten krümmen, sieht man hier.

Auch ein kleiner Höhlensee, ein noch im Wachstum befindliches Sinterbecken, gehört zu den besonderen Schönheiten der Höhle.

Entdeckt wurde die Höhle nur durch Zufall 1971, als sie bei Sprengarbeiten im Steinbruch unvermutet angeschnitten worden ist. Mit viel Unterstützung durch die Bevölkerung wurde sie dann allerdings bereits ab dem Sommer 1972 ausgebaut und ein weiteres Jahr später als Schauhöhle der Öffentlichkeit zugänglich gemacht.

Ein Erlebnis für die ganze Familie: die Höhlenführung

Der begehbare Teil der Höhle ist rund 600 Meter lang und so gut ausgebaut, daß die Höhle auch mit Kinderwagen oder im Rollstuhl besichtigt werden kann.

Wie kommt man nach Eberstadt?
A 81, Ausfahrt Osterburken (Nr. 6), über Osterburken und Bofsheim nach Eberstadt.

Öffnungszeiten:	März bis Oktober	
	täglich	10.00 – 16.00 Uhr
	November bis Februar	
	samstags, sonn- und feiertags	13.00 – 16.00 Uhr
Eintritt:	Erwachsene	DM 4,50
	Kinder / ermäßigt	DM 2,50
	Gruppen ab 20 Personen je	DM 4,00
Führung:	Dauer: circa 1 Stunde	
Auskünfte:	Verkehrsamt der Stadt Buchen, Postfach 11 65, 74710 Buchen/Odenwald, Telefon 0 62 81/27-80, Fax 27-32,	
	oder: Eberstadter Tropfsteinhöhle, Rathaus, 74722 Buchen-Eberstadt, Telefon 0 62 92/2 25 bzw. 5 78, Fax 2 25	

Kartenempfehlung:
1 : 50 000 Topographische Karte L 6522, Walldürn

Tip:
Bei der Höhle geben ein *Geologischer Lehrpfad* und ein *Naturlehrpfad* Auskunft über Entstehungsgeschichte und -bedingungen von Höhle und Naturraum.

Nicht versäumen sollte man bei diesem Ausflug auch den Bummel durch die reizvolle Altstadt des schönen Fachwerkstädtchens *Buchen.* Im Rahmen der Stadtsanierung wurden zudem Teile der Stadtmauer rekonstruiert und ein Stück des Wehrgangs wiederhergestellt, so daß man fast die gesamte historische Altstadt auch auf dem *„Stadtmauerrundweg"* erkunden kann.

Wenn noch genügend Zeit bleibt, kann ein Abstecher nach *Amorbach* oder nach *Miltenberg* den Ausflug reizvoll abrunden.

Die Ofnet Höhlen, oder wie die genau heißen, die Kleine und die Große Ofnet, sind den Menschen schon sehr lange bekannt. Sehr, sehr lange sogar. Von ihnen weiß man aufgrund von Grabungen nämlich mit Sicherheit, daß sie schon den steinzeitlichen Menschen bekannt waren. Das Alter des ältesten dort gefundenen Menschenschädels schätzt man auf 13 000 Jahre! Damals waren die Menschen noch nicht seßhaft, sondern Jäger, die den Herden nachzogen. Zeitweilig aber haben sie in diesen Höhlen gelebt, das läßt sich nachweisen, vielleicht sogar hin und wieder ihr Winterquartier dort gehabt. Berühmt geworden sind sie wegen der hier ausgegrabenen „Schädelbestattungen" aus der Mittelsteinzeit, deren Rätsel noch immer nicht gelöst sind, wahrscheinlich auch nicht zu lösen sind.

Heute beziehen die Höhlen ihren Reiz aus ihrer freien Zugänglichkeit und vor allem aus der schönen landschaftlichen Umgebung. Der südliche Teil des Gewanns Himmelreich, in dem die Höhlen liegen, ist Landschaftsschutzgebiet. Und der Blick von den Höhlen aus über die gegenüberliegenden bewaldeten Anhöhen zum Ipf und zur Ruine Flochberg ist auch wirklich schön.

Vielleicht mag man noch einen Abstecher zur Ruine Flochberg machen? Genannt wurde sie erstmals 1040. 1648, gegen Ende des Dreißigjährigen Krieges, wurde sie zerstört und nicht wieder aufgebaut. Einen Teil der Mauersteine hat man später zum Bau des unterhalb der Burganlage gelegenen Dorfes Schloßberg verwendet.

Diese Höhle kannten schon die Steinzeitmenschen

Wer lieber noch mehr über die in den Ofnet Höhlen gemachten Funde erfahren will, muß weiterfahren bis ins nahe *Nördlingen* und dort das Stadtmuseum besuchen, wo Funde aus beiden Höhlen ausgestellt sind.

Als Abstecher lohnt der Weg nach Nördlingen aber nicht nur wegen der Funde aus den Ofnet Höhlen im Stadtmuseum, auch das Rieskrater-Museum ist einen Besuch wert. Schließlich ist das Ries ja wirklich etwas ganz besonderes. Es entstand, als vor circa 15 Millionen Jahren ein riesiger Meteorit hier einschlug. Ein Meteorit mit dem kaum vorstellbaren Durchmesser von 1 000 Metern schlug mit einer Geschwindigkeit von rund 70 000 Kilometern pro Stunde auf. Verständlich, daß der Einschlag einen großen Krater schuf – das Ries, das einen Durchmesser von gut 25 Kilometern hat.

i

Wie kommt man zu den Ofnet Höhlen?
Über die A 7, Ausfahrt Aalen-Westhausen (Nr. 114), dann die B 29 Richtung Nördlingen bis Riesbürg-Pflaumloch und weiter über Utzmemmingen in Richtung Ederheim. Die Höhlen liegen rechts der Straße zwischen den letztgenannten Orten.

Auch per Bahn kommt man hin. Vom Eilzughaltepunkt Bopfingen bestehen gute Busverbindungen nach Utzmemmingen.

Ofnet Höhlen:

Öffnungszeiten:	frei zugänglich
Auskünfte:	Verkehrsamt, Hauptstraße 13, 73469 Riesbürg, Telefon 0 90 81/32 45 oder 29 35-13

Kartenempfehlung:
1 : 50 000 Topographische Karte L 7128, Nördlingen

Stadtmuseum Nördlingen:

Öffnungszeiten:	1. März bis 31. Oktober	
	dienstags bis sonntags	13.30 – 16.30 Uhr
Eintritt:	Erwachsene	DM 5,00
	Schüler / ermäßigt	DM 2,50
Auskünfte:	Stadtmuseum, Vordere Gerbergasse 1, 86720 Nördlingen, Telefon 0 90 81/2 73 82 30, Fax 8 41 02	

Rieskrater-Museum Nördlingen:

Öffnungszeiten:	dienstags bis sonntags	10.00 – 12.00 Uhr
	und	13.30 – 16.30 Uhr
	An folgenden Tagen ist das Museum geschlossen: 01.01., Faschingsdienstag, Karfreitag, 24. bis 26.12. und 31.12.	
Eintritt:	Erwachsene	DM 5,00
	Schüler / ermäßigt	DM 2,50
	Familienkarte	DM 12,50
Auskünfte:	Rieskrater-Museum, Hintere Gerbergasse 3, 86720 Nördlingen, Telefon 0 90 81/2 73 82 20, Fax 27 38 22 20	

3 Lonetalhöhlen

∩

Das Lonetal ist weithin als landschaftlich ausgesprochen reizvolles Wandergebiet bekannt. Überdies gibt es dort viele interessante und frei zugängliche Höhlen.

Da ist zum einen die **Bocksteinhöhle**. Sie ist etwa 16 Meter lang und 9 Meter breit. Bekannt wurde sie durch die zahlreichen, eindeutig von Menschenhand bearbeiteten Werkzeuge (Artefakte), die hier gefunden wurden, Faustkeile vor allem, das heißt eine Art zugeschliffener Spitzen, mit denen sich gut schneiden ließ. Hergestellt wurden die wohl gleich in der Höhle nebenan, die man deshalb die **Bocksteinschmiede** nennt.

Der **Stadel** ist die größte und schönste der Lonetalhöhlen. Er hat auch insofern besondere Bedeutung erlangt, als dort eines der schönsten Zeugnisse steinzeitlicher Kunstfertigkeit gefunden wurde: eine 30 Zentimeter große, aus einem Mammutzahn vor über 30 000 Jahren geschnitzte Statuette, die eine kleine menschliche Figur mit einem Löwenkopf darstellt. Wer sich dafür interessiert, kann sie sich übrigens in der Archäologischen Sammlung der Stadt Ulm einmal ansehen. Der Stadel gehört zusammen mit der Bärenhöhle und der Kleinen Scheuer zu den unter dem Namen **Hohlenstein** zusammengefaßten Höhlen. Sie kann man nur im Rahmen einer Wanderung besuchen. Leider sind sie verschlossen.

Die **Kleine Scheuer** ist ein Felsüberhang, eine Art Felsdach und genau genommen weniger eine Höhle als vielmehr Teil des Vorplatzes oder des Eingangs des Stadels.

Zugleich verbindet die Kleine Scheuer den Stadel mit der **Bärenhöhle** (die man nicht mit der am Sonnenbühl verwechseln darf!). Sie ist recht groß und wissenschaftlich gut erforscht. Grabungen ergaben eine riesige Anzahl Tierknochen, darunter allein 100 Bärenschädel. Funde von Steinwerkzeugen zeigen, daß die Höhle aber auch von Menschen bewohnt war.

Die ergiebigste Höhle, was Funde betrifft, ist die **Vogelherdhöhle**. Neben einer Unzahl verschiedener Werkzeuge, wie Faustkeile und Schaber, fand sich sogar eine Höhlenlampe aus Mammutknochen. Das Wertvollste aber waren etliche, schätzungsweise 25 000 bis 30 000 Jahre alte, geschnitzte Figürchen, darunter ein Höhlenlöwe und ein Wildpferd.

Die Höhle hat drei Eingänge: einen schmalen, von dem aus man das Lonetal überblicken kann, und zwei, von denen aus man ein vom Lonetal abgehendes Trockental sieht. Alle drei Eingänge sind untereinander verbunden und wollen erkundet sein.

Trotz aller Funde und Höhlenbesuche – wie die steinzeitlichen Menschen gelebt haben, ist nicht nur für Kinder gar nicht so leicht vorzustellen. Vielleicht wäre es deshalb nicht schlecht, der Phantasie ein bißchen auf die Sprünge zu helfen, mit einem erfundenen Stoff, den Generationen von der Kindern verschlungen haben, der mittlerweile fast vergessen ist und gerade deshalb schon wieder wert ist, ausgegraben zu werden: der „Rulaman" von Friedrich Weinland. Fiktiver Lebensraum vom „Rulamann" und seiner Sippe ist die Schillerhöhle bei Urach, von der aus Sommerausflüge bis an den Bodensee gemacht werden. Aber die Beschreibung vom Alltag der Sippe paßt hier mindestens ebenso gut her, und wenn man sich die Illustrationen anschaut, zum Beispiel wie zwei der Jäger mit ihren Steinäxten gegen einen riesigen Höhlenbären kämpfen, dann sind die echten Höhlen erst so richtig interessant.

Wie kommt man zu den Lonetalhöhlen?
A 7, Ausfahrt Niederstotzingen (Nr. 118); Richtung Bissingen, Lontal. Im Lonetal, bevor es wieder ansteigt, ist rechts ein Wanderparkplatz, der Ausgangspunkt für die Hohlensteinhöhlen ist.

Die Hohlensteinhöhlen (Stadel, Kleine Scheuer und Bärenhöhle) sind ab dem Wanderparkplatz in 2 Kilometern durch ein reizvolles Wandergebiet zu erreichen, die Vogelherdhöhle vom gleichen Ausgangspunkt aus in 4,5 Kilometer Entfernung.

Für Bockelsteinhöhle und Bockelsteinschmiede findet man den Ausgangspunkt bei der Brücke über die Lone (aus Richtung Bissingen gleich nach der Brücke, kurz vor oben beschriebenem Wanderparkplatz). Den Wagen kann man auf dem schmalen asphaltierten Einfahrtsstreifen bei der Brücke abstellen und quer über die Wiese zu einer Lücke in der Hecke gehen. Dort muß man ein kleines Stück recht steil bergauf, steht dann aber rasch und unvermittelt vor der recht eindrucksvollen Bocksteinhöhle. Die kleine Bocksteinschmiede findet sich gleich daneben. Zeit und Kraft reichen fast in jedem Fall; sie liegen ab der Einfahrt kaum 500 Meter entfernt.

Höhlen:
Öffnungszeiten: frei zugänglich

Auskünfte: Stadtverwaltung, Im Städtle 26, 89168 Niederstotzingen, Telefon 0 73 25/1 02-0

Kartenempfehlung:
1 : 50 000 Topographische Karte L 7526, Günzburg

Tip:
Funde aus den Lonetalhöhlen, darunter die oben erwähnte löwenköpfige Menschenfigur, sind in der Archäologischen Sammlung im *Ulmer Museum* ausgestellt. Weitere Funde, darunter das Wildpferd und der Höhlenlöwe, sind in Tübingen im *Schloß Hohentübingen* zu sehen.

Ulmer Museum:

Öffnungszeiten:	dienstags bis sonntags	11.00 – 17.00 Uhr
	donnerstags	11.00 – 20.00 Uhr
Eintritt:	Erwachsene	DM 5,00
	ermäßigt	DM 3,00
	Freitags ist der Eintritt frei. An der Kasse sind außerdem Familienkarten und Ulmer Museumspaß erhältlich.	
Auskünfte:	Museum, Marktplatz 9, 79070 Ulm, Telefon 07 31/1 61-43 12 oder 1 61-43 30, Fax 1 61-16 26	

Schloß Hohentübingen:

Öffnungszeiten:	Mai bis September	
	mittwochs bis samstags	10.00 – 18.00 Uhr
	Oktober bis April	
	mittwochs bis sonntags	10.00 – 17.00 Uhr
Eintritt:	Erwachsene	DM 4,00
	Kinder / ermäßigt	DM 2,00
Auskünfte:	Verkehrsverein, An der Neckarbrücke 1, 72072 Tübingen, Telefon 0 70 71/9 13 60, oder: Museum, Telefon 0 70 71/2 97 73 84 und 2 97 75 79	

Mit ihren 587 Metern ist die Charlottenhöhle bei Hürben im Kreis Heidenheim die längste Schauhöhle Süddeutschlands und besitzt zudem schönen Tropfsteinschmuck.

Sie wurde 1893 entdeckt, nach der damaligen Königin Charlotte von Württemberg benannt und sofort als Schauhöhle mit elektrischer Beleuchtung ausgebaut. Letzteres ist um so bemerkenswerter, weil selbst die damalige Oberamtsstadt Heidenheim zu dieser Zeit noch nicht über elektrisches Licht verfügte!

Man weiß, daß die Charlottenhöhle früher vielen Höhlenbären als Bau diente. An mehreren Stellen in der Höhle hinterließen sie nämlich glatt polierte Felsflächen, die davon herrühren, daß sie sich durch Reiben ihres Fells an der Wand von getrocknetem Schlamm und Ungeziefer befreiten. Auch Knochen- und Zahnfunde, von denen ein kleiner Teil in Schaukästen vor der Höhle ausgestellt ist, belegen, daß die Bären hier lebten. Eiszeitliche Jäger dagegen haben hier, anders als in den nahegelegenen Lonetalhöhlen, nie gelagert

Wie kommt man zur Charlottenhöhle?
A 7, Ausfahrt Niederstotzingen (Nr. 118), Richtung Bissingen, Lontal und weiter Richtung Hürben, dazwischen findet man die Charlottenhöhle (ausgeschildert).

Öffnungszeiten:	April bis Oktober	
	werktags	8.30 – 11.30 Uhr
	und	13.30 – 16.30 Uhr
	sonn- und feiertags	8.30 – 16.30 Uhr
Eintritt:	Erwachsene	DM 5,00
	Schüler / ermäßigt	DM 4,00
	Kinder (4 – 14 J.)	DM 3,00
	Gruppen ab 20 Personen je	DM 4,00
Führung:	Dauer: 45 Minuten	

Auskünfte: Stadtverwaltung Giengen, Marktstraße 11,
89537 Giengen an der Brenz,
Telefon 0 73 22/95 22 92, Fax 95 22 64,

oder: Höhlenverwaltung, Familie Geisser,
Telefon 0 73 24/61 85,

oder: Kiosk am Höhleneingang,
Telefon 0 73 24/72 96

Kartenempfehlung:
1 : 50 000 Topographische Karte L 7526, Günzburg

Tip:
Am Fuß der Höhle besteht eine Einkehrmöglichkeit. Auch gibt es einen Spielplatz um eine eventuelle Wartezeit bis zur nächsten Führung zu überbrücken.

Der Besuch der Charlottenhöhle läßt sich im übrigen gut verbinden mit Wanderungen zu den nahen *Lonetalhöhlen* (s. Kapitel 3), zu einem Abstecher ins *Eselsburger Tal* (s. Kapitel 5) und seinen „Steinernen Jungfrauen", oder auch mit einem Abstecher zu der *Stöckelberghöhle,* die reizvoll und leicht zugänglich am Hang des Stöckelbergs in einer Wacholderheidenlandschaft liegt, eine eigene Anreise aber nicht unbedingt lohnt.

Vom Höhleneingang her sieht man auf *Söhnstetten* und das Rückhaltebecken, in dem die früher gefürchteten, „Wedel" genannten Wildwasser bezähmt wurden, die zuvor große Schäden, teilweise bis in die Innenstadt Heidenheims hinein, angerichtet hatten.

Wie kommt man nach Söhnstetten?
Söhnstetten liegt an der B 466 zwischen Donzdorf und Heidenheim. Die von der Durchgangsstraße aus gesehen nördlich am Hang liegende Höhle ist von unten gut sichtbar und deshalb nicht ausgeschildert. Am Fuß des Hangs gibt es einen kleinen Parkplatz, von dem aus ein Pfad hinauf bis zur Höhle führt.

Stöckelberghöhle:
Öffnungszeiten: frei zugänglich

Kartenempfehlung:
1 : 50 000 Topographische Karte L 7324, Geislingen an der Steige

Die Höhlen in der Brenzschlinge, die als das *„Eselsburger Tal"* bekannt ist, sind nicht gerade spektakulär, aber das Gebiet ist landschaftlich so schön, so voller Sagen und Geschichten, daß sich ein Ausflug hierher allemal lohnt.

Auf dem mächtigen Felsen über dem Dorf lebten einst die Ritter Esel von Eselsburg, die durch eine Chronik bezeugt sind. 1609 wur-

Die „Steinernen Jungfrauen"

de die Burg abgebrochen. Von der Ruine aus genießt man aber noch heute einen schönen Blick und nicht zuletzt finden sich in den Felsen darunter etliche Kleinhöhlen: im ersten größeren Felsen nördlich der Ruine das **Hölzlesloch**. Auf der Nordseite des Burgfelsens dagegen liegt der **Hohle Fels**. Er ist sowohl von hier oben als auch von der Ortschaft aus über Trampelpfade zu erreichen. Die Haupthöhle des Hohlen Felsen hat mehrere Eingänge. Die beiden größten sind durch einen Gang verbunden. Ganz in der Nähe sind zwei weitere Höhlen, die *Kübelhöhle* und die *Dohlenhöhle.*

Wandert man noch ein Stückchen weiter, kommt man zur **Bernhardshöhle**. In ihr fand man Scherben aus der Jungsteinsteinzeit. Heute findet man hier nur noch den Blick auf die **Steinernen Jungfrauen**, zwei säulenartige, spitzige Felsgebilde, die sofort ins Auge fallen und deshalb wohl Anlaß zu einer weiteren Sage gaben. Man erzählt sich, auf der Eselsburg habe einst ein Ritterfräulein gewohnt, das, weil es selbst verlassen worden war, alle Männer gehaßt habe. Selbst ihre Dienerinnen durften mit keinem Mann reden. Weil sie sich dabei doch einmal ertappen ließen, wurden sie zur Strafe von ihrer Herrin, die mit dem Teufel im Bunde gestanden haben soll, in eben diese Felssäulen verwandelt.

i

Wie kommt man nach Eselsburg?
A 7, Ausfahrt Giengen-Herbrechtingen (Nr. 117), Richtung Herbrechtingen ein kurzes Stück, dann biegt man links nach Eselsburg ab.

Öffnungszeiten: frei zugänglich

Kartenempfehlung:
1 : 50 000 Topographische Karte L 732, Heidenheim an der Brenz

Nein, um einen Ausflug in die Alpen handelt es sich hier nicht. Auch wenn man es vom Namen her erst einmal vermuten könnte. Trotzdem ist der Ausflug zum Rosenstein für Höhlenfans unglaublich lohnend! Man muß jedoch aufs Wandern eingerichtet sein.

Nach dem Motto „das Beste zuerst“, geht‘s zunächst zum **Finsterloch**. Für Kinder und Neulinge in Sachen Höhle ist das Erleb-

Gut ausgerüstet im „Finsterloch“

nis pur. Das Finsterloch ist eine 133 Meter lange Durchgangshöhle, eine mit offenem Ende also. Inzwischen ist dort allerdings aus Sicherheitsgründen ein Gitter angebracht, man muß also auf dem selben Weg zurück, doch das tut dem Erlebnis keinen Abbruch. Im Gegenteil. – Ohne Taschenlampe aber geht hier gar nichts. Da macht die Höhle ihrem Namen Ehre. Man muß sich auch die Zeit nehmen, einmal in die Deckenspalten zu leuchten. Etwa in der Mitte des Ganges öffnet sich ein „Fenster“ nach außen, dann geht es aufwärts und noch einmal ins Dunkel. Und wenn man, vielleicht zum ersten Mal, in einer „wilden“ Höhle allein als Familie unterwegs ist, gibt das schon den gewissen Nervenkitzel. Auch wenn es vollkommen ungefährlich ist und die Wahrscheinlichkeit, an einem Sonntag ganz allein in der Höhle zu sein, nicht sehr groß sein wird.

Nach dem Besuch dieser ersten Höhle steigt man den Hang ein Stück weit wieder hinauf und geht auf dem Randweg in Richtung Burg Rosenstein. Etwa auf halber Strecke gilt es aufzupassen, ein Seilgeländer führt in eine Art Schlucht und zur total anderen, doch letztlich auch beeindruckenden **Großen Scheuer**. Diese tunnelartige Höhle erhält durch die drei Eingänge sehr viel Licht, ist mehr Halle als Höhle. An ihrer Westseite führt ein Pfad gleich weiter zur nächsten, zum **Haus**. In ihr fanden sich Spuren von Menschen aus der Bronze- und Hallstatt-Zeit und sogar noch aus dem Mittelalter.

Auch nach diesem Abstecher muß man zurück auf den Wanderweg, die übrigen Höhlen befinden sich alle rund um den Burgfelsen. Die **Kleine Scheuer** liegt im Burgfelsen selbst. Um sie zu erreichen, muß man ein Stück weit nach Heubach absteigen. Nach dem schon Gesehenen, ist sie wenig imposant, doch sind oft Kletterer zugange, denen man vielleicht einmal zusehen mag. Dasselbe gilt für die **Dreieingangshöhle**. Letztere erreicht man über einen *Serpentinenpfad*, der am unteren Ende der *Tarzanrolle* beim Spielplatz an der Waldschenke (donnerstags Ruhetag) beginnt.

i

Wie kommt man zu den Höhlen am Rosenstein?
B 29 über Schwäbisch Gmünd, abbiegen Richtung Heubach. Dort der Hauptstraße nach und nach der Firma Triumph dem Schild „Parkplatz Rosenstein, Fernsehturm“ folgen, links ganz den Berg hinauf (dabei an der Gabelung rechts halten) bis zum Wanderparkplatz. Dann geht man den „Schloßweg“, bis in einer Kehre ein Schild den Waldweg zum „Finsterloch“ weist. Nach dem Abstecher zur Höhle hinunter, geht man den Randweg entlang nach der anderen Seite weiter zu den übrigen Höhlen. Die Höhlen sind

nur über die beschriebene (Rund-)Wanderung komplett zu erreichen, die jedoch sehr reizvoll ist.

Öffnungszeiten:	1. Mai bis 15. Oktober frei zugänglich
Auskünfte:	Höhlenkundliche Arbeitsgemeinschaft, Vorsitzender Bernd Schuster, Telefon 0 71 73/41 35

Kartenempfehlung:
1 : 50 000 Topographische Karte L 7324, Geislingen an der Steige-Ost

Wie sie zur ihrem Namen kommt, das rät nun wirklich keiner. Hier im Filstal gab es die Wallfahrtskapelle „Zum guten Tod". Sie ist 1389 gestiftet und 1805 abgetragen worden. Ein Marienbild daraus findet sich übrigens heute noch in der Stiftskirche in Wiesensteig. Aber weiter. In Anlehnung an diese Kapelle hieß die ganze Gegend rund um den heute noch vorhandenen Eselshof im Volksmund die

Die dritte Halle der Todsburger Höhle

„Todsburg". Und da in unmittelbarer Umgebung des Hofs eine der längsten und interessantesten unerschlossenen Höhlen der Schwäbischen Alb zu finden ist, wurde sie die Todsburger Höhle genannt.

Bevor man sich aber nun aufmacht, sie zu erkunden, muß gesagt werden, daß dies nicht so unproblematisch ist, wie bei den meisten anderen Höhlen in diesem Band. Der Boden ist feucht, oft glitschig und lehmig. Wer hineingeht, muß damit rechnen, reichlich schmutzig wieder herauszukommen, man muß Taschenlampen dabei haben und zusammenbleiben. Trotzdem ist sie nicht gefährlich. Doch für alle, die diese Höhlenbegehung geschafft haben, ist es ein starkes Erlebnis, das zusammenschweißt und nicht so schnell vergessen wird.

Der Eingang liegt halb unter einem Felsen verborgen und ist sehr nieder. Auch der Vorraum dahinter ist nur knapp zwei Meter hoch. In die zweite Halle gelangt man nur, wenn man bereit ist, durch eine schmale Öffnung zu kriechen. Wer die Mühe nicht scheut, wird mit dem Blick auf einen schönen, großen Tropfstein belohnt. Im dritten Raum ist der Boden das ganze Jahr über mit Wasser bedeckt, ohne Gummistiefel ist eine Begehung also nicht möglich. Die dritte Halle überwältigt durch reichen Tropfstein- und Sinterschmuck.

Weiter geht es dann trockenen Fußes und relativ bequem. Eine Sinterkaskade schließt den 110 Meter langen Weg durch die Höhle ab. Wer mag, kann auch kurz vor der Kaskade durch einen engen Durchschlupf einen Abstecher in den erst 1961 entdeckten Höhlenteil wagen, ehe man – auf der gleichen Strecke – den Weg zurück antritt.

Wie kommt man zur Todsburger Höhle?
A 8, Ausfahrt Mühlhausen (Nr. 59), nach Mühlhausen. Die Abzweigung „Eselshöfe" ist in Mühlhausen deutlich beschildert.

Lange verläuft das asphaltierte Sträßchen neben und über der Autobahn, dann geht es steil den Berg hinauf. Am Waldausgang, noch vor den Eselshöfen, besteht links auf einem Wiesenstreifen Parkmöglichkeit. Auf einem Trampelpfad geht es in den Wald und gleich wieder links bergab. Rechts zweigt davon später ein Pfad hinauf zur Höhle ab.

Öffnungszeiten: 16. April bis 14. November
mit Schlüssel zugänglich
(sonst wegen Fledermausschutz geschlossen)

Einen Schlüssel kann man erhalten beim Bürgermeisteramt, Gosbacherstraße 16, 73347 Mühlhausen, Telefon 0 73 35/9 60 10, oder: beim gegenüberliegenden „Wirthshaus zum Eselseck“, Gosbacherstraße 15, Telefon 0 73 35/52 75,

oder: beim Staatlichen Forstamt, Forststraße 2, 73235 Weilheim/Teck, Telefon 0 70 23/9 00 95-0

Auskünfte: Bürgermeisteramt Mühlhausen, Gosbacherstraße 16, 73347 Mühlhausen (bei Wiesensteig), Telefon 0 73 35/9 60 10

Kartenempfehlung:
1 : 50 000 Topographische Karte L 7522, Bad Urach

Die Laichinger Tiefenhöhle ist die tiefste für Besucher zugänglich gemachte Höhle Deutschlands. 80 Meter ist sie tief, 55 Meter davon sind durch Treppen und Wege zugänglich gemacht. Leiter um Leiter gilt es, auf dem Rundgang erst hinab und dann auch wieder hinauf zu steigen. – Man sollte also schon recht gut zu Fuß sein, keine Herz- oder Kreislaufprobleme haben und wegen der steilen, nassen Metall-

Steil bergab geht's in die Laichinger Tiefenhöhle

treppen ist sie auch für Kinder unter mindestens vier Jahren nicht geeignet. Für alle anderen ist die Begehung dieser so ganz anderen Höhle aber auf alle Fälle ein höchst eindrucksvolles Erlebnis! Immerhin ist sie die einzige, für Besucher erschlossene Schachthöhle in Deutschland!

Nach einem ersten Abstieg um 17 Meter, erreicht man mit dem „Entdeckerspalt“, den ersten Zugang zur Höhle. Heute hat er keine Verbindung mehr zur Erdoberfläche. Ursprünglich war das anders.

Früher gab es den Beruf des Sandgräbers, der, wie der Name sagt, nach Sand grub. Ein solcher Sandgräber war der „Sand-Mack“, der eines Tages entdecken mußte, daß sein am Vortag gegrabener Sand verschwunden war. Natürlich vermutete er zuerst, sein Sand sei gestohlen worden. Mit doppeltem Eifer grub er nun, um den Verlust wieder gut zu machen. Aber wieder verschwand sein Sand auf geheimnisvolle Weise. Dann aber bemerkte er, daß sein Sand langsam, aber stetig zurück in den Boden rieselte. Er entdeckte so 1892 zuerst die Spalte und wenig später, zusammen mit einem Sohn und anderen Männern aus Laichingen, die Höhle.

i

Wie kommt man zur Laichinger Tiefenhöhle?
A 8, Ausfahrt Merklingen (Nr. 61), ab dann beschilderte Zufahrt, erst nach Laichingen, dann zur Höhle.

Öffnungszeiten:	Karfeitag bis Ende Oktober	
	täglich	9.00 – 12.00 Uhr
	und	13.00 – 17.00 Uhr
Führung:	Gruppenführungen, aber auch alleinige Begehung mit Info-Blatt möglich.	
	Dauer (geführte Touren): circa 45 Minuten	
Eintritt:	Erwachsene	DM 4,00
	Kinder	DM 3,00
Auskünfte:	Höhlen- und Heimatverein e. V., Tiefenhöhle, Postfach 13 67, 89146 Laichingen, Telefon 0 73 33/55 86, Fax 2 12 02,	
	oder: beim Vorsitzenden Rolf Riek, Telefon 0 73 33/44 14	

Kartenempfehlung:
1 : 50 000 Topographische Karte L 7524, Blaubeuren

Tips:
Eine vom Höhlenverein betriebene Raststätte liegt direkt über der Höhle an einer Wiese, wo es für Kinder auch eine Rutschbahn, ein Karussell und eine Spielstadt gibt. Für die, die sich lieber selbst versorgen, gibt es gefaßte und überdachte Grillplätze. Und für alle, die etwas mehr Zeit mitgebracht haben, beginnen an der Raststätte drei markierte Wanderwege: Besonders interessant ist dabei der 11,5 Kilometer lange, mit einem *schwarzen „K“* (für Karst) markierte *Lehrpfad.* Auf dieser Rundwanderung wird an den verschiedenen Stationen erklärt, was Karst eigentlich ist. Zudem wird man direkt zu vielen Erscheinungen des Karsts geführt.

Wem das jedoch zu weit ist, der sollte wenigstens den Abstecher zur *„Vogt's Grub“* machen. Mit einem Durchmesser von 50 Metern und einer Tiefe von 10,5 Metern ist sie mehr als nur eine der größten Dolinen der Schwäbischen Alb – fast könnte man meinen, schon vor einem Krater zu stehen!

Nicht vergessen werden soll das *Museum für Höhlenkunde* direkt beim Eingang in die Laichinger Tiefenhöhle. Ein Besuch hier ergänzt das in der Tiefenhöhle Gesehene und weist zugleich über das nur lokale Beispiel hinaus.

Museum für Höhlenkunde (im Rasthaus der Tiefenhöhle, Laichingen):
Öffnungszeiten und Informationen wie Tiefenhöhle

Eintritt:	frei

Für Familien mit kleineren Kindern könnte dagegen ein Abstecher in den Laichinger Ortsteil Machtolsheim von Interesse sein, in den Pony- und Märchenpark *„Zwergental“*.

Öffnungszeiten:	Ostern bis Ende November	
	täglich	9.00 – 18.00 Uhr
Preis:	pro Pony:	
	für eine (1,5 Kilometer lange) Runde	DM 6,00
Eintritt:	Im Märchenpark:	
	Erwachsene	DM 3,00
	Kinder	DM 2,50
Auskünfte:	Familie Mahler, Telefon 0 73 33/56 00	

9 ∩ Schertelshöhle und Steinernes Haus

Wie bei vielen Höhlen, so gibt es auch um die Schertelshöhle eine hübsche Geschichte, wie man sie entdeckt haben will: Eines Tages soll der Hund des Freiherrn von Schertel einen Hasen gejagt haben und nicht zurück gekommen sein. Der Freiherr suchte seinen Hund und fand ihn schließlich im „Kuhloch" gefangen, in das die Bauern ihr totes Vieh warfen und wo sich niemand so recht hin traute, weil es nicht geheuer schien und weil dort lange ein berüchtigter Räuberhauptmann, der „Schwarze Fere" (oder auch Vere) gehaust haben soll. Der Freiherr fand jedoch mutige Männer, die seinen Hund befreiten und bei dieser Gelegenheit entdeckten, daß es noch weit in den Berg hineingehe und herrliche Tropfsteine gebe.

Was war geschehen? Der Hund war in eine Doline gestürzt. Doline ist ein slowenisches Wort und bezeichnet den trichterförmigen Einbruch in einen unterirdischen Hohlraum. Die Doline, das *„Kuhloch"*,

In der Schertelshöhle

ist eingezäunt noch heute neben der Höhle zu sehen. Die dabei entdeckte Höhle, die heutige Schertelshöhle, hat inzwischen einen bequemeren künstlichen Eingang bekommen, ist also gut zu gehen und beleuchtet, so daß man sich die schönen Tropfsteine und Versinterungen in aller Ruhe ansehen kann.

Nach dem Besuch der Schauhöhle kann, wer nicht genug hat und gerne ein bißchen auf eigene Faust unterwegs ist, noch eine frei zugängliche Höhle besichtigen: das **„Steinerne Haus"**. Man erreicht es vom Eingang der Schertelshöhle aus in wenigen Minuten und kann sich auf dem Rückweg vom Steinernen Haus hier noch einmal mit Erfrischungen versorgen.

Das „Steinerne Haus" ist eine geräumige Halle. Hinter einem großen Versturzblock in ihrer rechten Hälfte, gibt es noch einen Gang, in dem es einige recht schöne Sinterbildungen gibt, doch der Gang ist (zum Schutz der Fledermäuse) meist geschlossen. – Die Höhle gehörte im 18. Jahrhundert zum Besitz des Klosters von Wiesensteig und man erzählt, in unruhigen Zeiten hätten die Klosterfrauen sich hier versteckt. 1808 wurde das Kloster aufgehoben, der Wald an die Gemeinde Westerheim verkauft.

Wie kommt man zur Schertelshöhle?
A 8, Ausfahrt Merklingen (Nr. 61), Richtung Merklingen, Laichingen bis Westerheim. Am Ortsende von Westerheim (in Richtung Wiesensteig) führt ein asphaltiertes Sträßchen zum Parkplatz vor der Höhle. Vom Parkplatz zur Schertelshöhle sind circa 400 Meter zu gehen, von dort zum Steinernen Haus ebenso.

Öffnungszeiten:	Palmsonntag bis 15. November	
	sonntags	9.00 – 17.00 Uhr
	15. Mai bis 1. Oktober	
	täglich	9.00 – 17.00 Uhr
Eintritt:	Erwachsene	DM 3,00
	Kinder	DM 2,00
Führung:	Dauer: 25 Minuten	
Auskünfte:	Höhlenverein e. V., Klaus Rauschmaier 72589 Westerheim, Telefon 0 73 33/64 06,	
	oder: Bürgermeisteramt, Kirchenplatz 16, 72589 Westerheim, Telefon 0 73 33/96 66-0, Fax 96 66-20	

Kartenempfehlung:
1 : 50 000 Topographische Karte L 7524, Blaubeuren

Tip:
In unmittelbarer Nähe der Schertelshöhle gibt es einen Spiel- und Grillplatz. Ein Rasthaus, in dem man Vesper, Getränke oder Süßigkeiten erhält, liegt direkt an der Höhle.

Wer kennt nicht die selbst als Ruine noch malerische, eindrucksvolle *Burg Reußenstein*. Der Sage nach soll die Burg vom Riesen Heim von Heimenstein erbaut worden sein, der es den Menschen gleichtun und ebenfalls eine Burg besitzen wollte. Als die Burg fertig war und der Riese einziehen wollte, entdeckte er, daß am Fensterladen des obersten Fensters im höchsten Turm ein Riegel fehlte. Der Lohn sollte deshalb erst bezahlt werden, wenn auch das noch gemacht sei. Aber erst nach langem Zögern fand sich unter den Handwerkern einer, der sich traute. Der Riese half ihm bei der gefährlichen Arbeit, indem er ihn am ausgestreckten Arm aus dem Fenster hielt. Außerdem belohnte er den mutigen Mann extra und reich, so daß dieser nun endlich die Tochter seines Meisters heiraten konnte.

Das eigentliche Zuhause des Riesen war jedoch die im Aussichtsfelsen Heimenstein gelegene **Heimensteinhöhle**, wo er einen großen Schatz verborgen gehalten haben soll. Wie dem auch sei, die Höhle ist, obwohl eine „wilde" Höhle, auch für Neulinge unter den Höhlenfans, problem- und gefahrlos zu gehen. Sie führt zunächst steil abwärts, dann um die Ecke und einen Gang entlang. Schnell wird es wieder licht und hell! Man steht am offenen Ende der Durchgangshöhle (Vorsicht!) und sieht: Auch die Höhle des Riesen hatte einen herrlichen Ausblick! Man sieht geradewegs hinüber zum Reußenstein. Vielleicht blieb der Riese auch hier wohnen und genoß den Ausblick zu seiner Burg?

Wie kommt man zur Heimensteinhöhle?
A 8, Ausfahrt Kirchheim/Teck-Ost (Nr. 57), B 465 über Owen nach Schopfloch, dort in Richtung Reußenstein zum Wanderparkplatz „Bahnhöfle". Zu Fuß auf dem breiten Weg in den Wald, bis halbrechts der Randweg mit dem roten liegenden Dreieck und mit dem Schild „Randecker Maar-Ochsenwang über Heimenstein" zur Höhle abzweigt.

Öffnungszeiten: 1. Januar bis 31. Juli wegen brütender Vögel geschlossen, sonst frei zugänglich;

Kartenempfehlung:
1 : 50 000 Topographische Karte L 7522, Bad Urach

Tip:
Die Gegend ist zu schön, um nur wegen der Höhle herzukommen. Zumindest die nahe *Ruine Reußenstein* sollte man sich auch noch mit ansehen. Vielleicht hat man sogar Zeit und Lust, eine der ausgeschilderten Rundwanderungen anzuhängen?

11 Gutenberger Höhlen

Vier Höhlen liegen hier dicht beieinander: die Gutenberger Höhle, die Gußmanns-Höhle, die Krebssteinhöhle und die Wolfskehle (oder auch Wolfsschluchthöhle). Die beiden letzteren sind „wilde", aber unbedeutende Kleinhöhlen, die hier nur am Rande erwähnt seien. Der Besuch lohnt wegen der beiden Schauhöhlen, der Gutenberger- und der Gußmann-Höhle. Beide liegen dicht beieinander und beide wurden sie von dem damaligen Gutenberger Pfarrer Karl Gußmann – zusammen mit vier Studenten – entdeckt, weshalb beide heute unter dem Namen „Gutenberger Höhlen" zusammengefaßt werden.

Historischer Wegweiser

Die Führung umfaßt beide Höhlen und beginnt bei der **Gutenberger Höhle**, beziehungsweise in ihrem 17 Meter langen Vorplatz, der unter dem Namen „Heppenloch" schon lange vor der Entdeckung der Höhle bekannt war. Die Höhle selbst besteht aus sechs Hallen, die alle zugänglich sind. Die erste ist die sogenannte „Knochenlagerhalle". In ihr wurde nämlich ein drei Meter breiter und zwölf Meter langer Block gefunden, in dem fossile (also sehr alte) Knochen mit Lehm und Schotter steinhart zusammengebacken waren. Und was da alles drin war, das ist fast nicht zu glauben: Knochen vom Biber, Dachs, Fuchs, Wolf, Wildkatze, Hyäne, Brauner Bär, Höhlenbär, Höhlenlöwe, Reh, Hirsch, Dammhirsch, Riesenhirsch, Wildschwein,

Wildpferd, Wiesent, Nashorn und neben vielen Resten von kleinen Säugetieren sogar Stücke vom Kiefer eines Affen. Dies vor allem ist einmalig. In keiner anderen Höhle der Schwäbischen Alb wurde je noch einmal ein Hinweis auf ein Vorkommen von Affen in unserem Raum gefunden. Der vorhandene Kieferknochen soll jedoch auf natürliche Weise in die Höhle gelangt sein.

Der Entstehung nach ist die Gutenberger Höhle eine Klufthöhle mit Tropfsteinschmuck. Sechs kleinere Hallen sind zu durchwandern, die in einer Art Klamm enden. Ob es dahinter noch weitergeht? Es wird gesagt, dort habe sich einmal ein Fuchs gezeigt, und deshalb soll bald einmal nach möglichen Verbindungen nach draußen gesucht werden.

Die **Gußmanns-Höhle** besteht aus vier Hallen, die ebenfalls alle zugänglich sind. Auch sie anzusehen lohnt, zumal sie Teil der Führung ist. Als Funde hat sie jedoch nur Mammutbackenzähne aufzuweisen gehabt.

Gußmann war es auch, der am 27.08.1889 zusammen mit ebenfalls naturwissenschaftlich interessierten Freunden und Bekannten den Schwäbischen Höhlenverein gründete, der zugleich der erste derartige Verein in Deutschland war. Und Dr. Weinland, der Verfasser des „Rulaman“, der damals im nahen Wittlingen wohnte, wurde eines seiner ersten Ehrenmitglieder.

Wie kommt man zu den Gutenberger Höhlen?

A 8, Ausfahrt Kirchheim/Teck-Ost (Nr. 57), B 465 bis Gutenberg.

Gutenberg ist Teil der Gesamtgemeinde Lenningen. Zu den Höhlen führen viele Wege. Schön ist es natürlich, wenn man sie sich erwandert. Dann erreicht man sie über den „Höhlenweg“, der vor der Mehrzweckhalle in Gutenberg abzweigt oder über den Wanderweg, der nach dem Sportplatz am Ende des Tiefentals beginnt. Bei beiden Wegen sind rund 40 Minuten zu gehen.

Schneller kommt man vom „Höhlenparkplatz“ aus zu den Höhlen. Er liegt an der Straße von Schopfloch in Richtung Krebsstein in einer Linkskehre.Von hier erreicht man die Höhlen talabwärts in kaum fünf Minuten.

Die Krebssteinhöhle liegt gleich neben der Gußmanns-Höhle, die Wolfskehle etwas weiter nördlich.

Öffnungszeiten:	Anfang Mai bis Mitte Oktober	
	samstags	13.00 – 17.00 Uhr
	sonn- und feiertags	10.00 – 17.00 Uhr
	Bei durchgehend schlechtem Wetter geschlossen.	

Eintritt:	für den Besuch beider Höhlen:	
	Erwachsene	DM 3,00
	Kinder (bis 14 J.)	DM 1,50

Führung: Dauer: je Höhle circa 15 Minuten (die Führungen beginnen vor der Guteberger Höhle), Gruppenführungen nach telefonischer Anmeldung ab 15 Personen auch außerhalb der Öffnungszeiten möglich;

Auskünfte: Ortsverwaltung, Hauptstraße 14,
73252 Lenningen-Gutenberg,
Telefon 0 70 26/78 22
(montags 15.00 – 16.45 Uhr,
dienstags, donnserstags und freitags
8.30 – 11.30 Uhr), Fax 95 97 39

Kartenempfehlung:
1 : 50 000 Topographische Karte L 7522, Bad Urach

Tips:
Die Funde, die den Grabungen in den Gutenberger Höhlen entstammen, sind im Heimatmuseum in Kirchheim/Teck und im Staatlichen Museum für Naturkunde in Stuttgart ausgestellt.

In Gutenberg selbst gab es einst eine *Burg „Hohen-Gutenberg“* (1285 erbaut) und ein kleines, 1477 gegründetes *Kloster*. Von der Burg und dem Kloster sind Mauerreste erhalten, die immerhin einen Abstecher lohnen.

Heimatmuseum (Städtisches Museum im Kornhaus), Kirchheim:

Öffnungszeiten:	montags bis freitags	10.00 – 12.00 Uhr
	und	14.00 – 17.00 Uhr
	samstags	10.00 – 14.00 Uhr
	sonn- und feiertags	11.00 – 16.00 Uhr

Eintritt: frei

Auskünfte: Museum, Max-Eyth-Straße 19, 73230 Kirchheim/Teck, Telefon 0 70 21/5 02-3 79,

oder: Stadtverwaltung Kirchheim/Teck,
Fax 0 70 21-5 02-2 85

Staatliches Museum für Naturkunde, Stuttgart:

Öffnungszeiten:	dienstags bis freitags	9.00 – 17.00 Uhr
	samstags, sonn- und feiertags	10.00 – 18.00 Uhr
	(montags Ruhetag)	
Eintritt:	Erwachsene	DM 4,00
	ermäßigt	DM 2,00
	Schüler / Kinder (ab 6 J.)	DM 2,00
	Kinder (unter 6 J.)	frei
	Familienkarte (2 Erwachsene + eigene Kinder unter 18 J.)	DM 8,00
	Landesfamilienpaß-Inhaber	frei
	Schulklassen pro Person	DM 1,00
	Weitere Ermäßigungen / freie Eintritte bitte an der Kasse erfragen.	
Auskünfte:	Museum, Gewann 1, 70191 Stuttgart, Telefon 07 11/89 36-0, Fax 89 36-1 00	

12 Goldloch

In Zeiten relativer Trockenheit ist das Goldloch, dem die „Schwarze Lauter“ entspringt, kein so spannendes Ziel, das man eher beiläufig, auf dem Weg zu anderen Höhlen besucht. Nach der Schneeschmelze oder nach starken Regenfällen ist das schon anders. Dann nämlich stürzen unter wildem Tosen riesige Wassermassen aus dem Goldloch.

Obwohl Gold im umgebenden Gestein (Weißem Jura) nicht vorkommt, gab es hier Schatzsucher, die den Eingang des Goldlochs 1824/25 zu seiner heutigen Größe erweiterten. Ausgelöst wurde die Suche wahrscheinlich durch alte Sagen, wonach ein Müllersknecht durch die Falkensteiner Höhle in das Goldloch eingedrungen sei. Obwohl dort große Vögel einen Schatz hüteten und mit ihren Schnäbeln nach ihm hackten, sei es ihm gelungen, einen Klumpen Gold mitzunehmen.

Wie kommt man zum Goldloch?
A 8, Ausfahrt Kirchheim/Teck (Nr. 57), B 465 Richtung Lenningen bis Schlattstall. In Schlattstall weist ein kleines Schild zum „Lauterursprung“, der verschiedene Quellaustritte hat. Als erstes trifft man auf die aus dem Hangschutt auftretende Quelle. Zum Goldloch muß man rechts an ihr vorbei und dem darüberliegenden Waldpfad nach links folgen.

Öffnungszeiten: Da man das Goldloch nur von außen ansehen kann, kann man ganzjährig dort Halt machen.

Kartenempfehlung:
1 : 50 000 Topographische Karte L 7522, Bad Urach

Tip:
Zu empfehlen ist von Schlattstall aus in jedem Fall noch ein Spaziergang in den Felsenkessel der *„Großen Schrecke“*, denn in dieser wildromantischen Schlucht gibt es mehrere Kleinhöhlen und Höhlenruinen. Der für Fahrzeuge gesperrte Wanderweg setzt sich als Verlängerung der Ortsdurchfahrt fort, ist auch vom Goldloch aus schnell zu erreichen.

Die auch Hofenhöhle genannte, als **Gustav-Jakobs-Höhle** bekanntere Höhle kann sich eine schon etwas höhlenerfahrene Familie mit nicht zu kleinen Kindern ein Stück weit auch auf eigene Faust ansehen. Sie ist jedoch auch eine der wenigen wilden Höhlen, durch die es, auf Anfrage, Führungen für Gruppen gibt. Erst dann erschließt sich ihr wirklicher Reiz, erst dann kann man den Traum einer wirklichen Höhlenbegehung ungefährdet voll auskosten. Höhlenforscher der Arbeitsgemeinschaft „Höhle und Karst e. V." begleiten im Sommerhalbjahr (zwischen 15. April und 15. November) nach individueller Terminvereinbarung Gruppen oder Schulklassen.

Die Höhle liegt bei Grabenstetten, 17 Meter unterhalb der Reste der Ruine Hofen. Ein Pfad führt circa 50 Meter südwestlich des äußersten Wallrestes steil den Felsen hinab. Die Höhle ist sehr eng und deshalb nicht einfach zu begehen. Ob allein oder in der Gruppe: Klaustrophobie, also Angst vor engen Räumen, darf man da nicht haben!

Wie kommt man zur Gustav-Jakobs-Höhle?
A 8, Ausfahrt Kirchheim/Teck-Ost (Nr. 57), nach Oberlenningen rechts auf die Albhochfläche und weiter nach Grabenstetten,

oder über die B 28 von Bad Urach über Hülben nach Grabenstetten, dort Richtung Ruine Hofen.

Öffnungszeiten: unter Beachtung der Höhlenruhe (15. November bis 15. April) frei zugänglich

Auskünfte: Arbeitsgemeinschaft Höhlenschutz,
Vorsitzender Christoph Gruner,
Telefon 0 73 82/17 98

Hinweis: Die Höhle sollte nur mit guter Ausrüstung und nicht alleine betreten werden.

Kartenempfehlung:
1 : 50 000 Topographische Karte L 7522, Bad Urach

14 Falkensteiner Höhle

Ω

Die Falkensteiner Höhle führt am tiefsten in die Schwäbischen Alb hinein. Über mehrere Etappen gelang es Jochen Hasenmayer, nach dem Bewältigen von 26(!) Siphons (das heißt „unter Wasser liegenden Höhlenstrecken") das derzeitige Ende der Falkensteiner Höhle in sage und schreibe 4 975 Meter Entfernung vom Eingang zu erreichen. – Erst seit 1998 macht ihr die Wulfbachquellhöhle bei Mühlheim an der Donau diesen Rekord streitig. – Doch zurück zur nach wie vor nicht wenig eindrucksvollen Falkensteiner Höhle.

Stellenweise nichts für große Leute

Auch sie ist eine „wilde“, das heißt nicht ausgebaute Höhle, deren Besuch wegen tiefer Wasserlöcher nicht ungefährlich ist. Aber die meisten Besucher drehen ja zu Recht um, wenn das Wasser in die Gummistiefel zu laufen droht, ohne die hier sowieso nichts geht. Das Gefühl – und sei es nur ein paar Meter in die niedrige Höhle einzudringen, über sich Tonnen von Gestein – ist schon einzigartig.

Der Höhlenbach, die bei Bad Urach in die Erms mündende Elsach, hat mehrere Zuflüsse. Sporadisch nur fließt er aus der Höhle. Zu anderen Zeiten verschwindet er noch in der Höhle und tritt erst 85 Meter vom Eingang entfernt wieder aus. Dies erklärt den klammartigen Bereich vor der Höhle. Wie gefährlich die Wasser in der Höhle selbst werden können, zeigte sich am eindringlichsten 1964, als vier Studenten, die botanische und zoologische Untersuchungen in der Höhle vornehmen wollten, von einem plötzlichen Schmelzwassereinbruch überrascht und durch den plötzlichen Wasseranstieg eingeschlossen wurden. Erst 4 Tage später, nachdem sie 66 1/2 Stunden eingeschlossen waren, konnten sie dank des großen Einsatzes von Höhlentauchern unverletzt geborgen werden.

Wie kommt man zur Falkensteiner Höhle?
A 8 bis Ausfahrt Kirchheim/Teck-Ost (Nr. 57), B 465 nach Oberlenningen und Landstraße bis Grabenstetten, ab dort ausgeschildert. Der Parkplatz befindet sich (unbezeichnet) links von einer Rechtskehre, relativ weit unten im Tal.

Öffnungszeiten: frei zugänglich

Kartenempfehlung:
1 : 50 000 Topographische Karte L 7522, Bad Urach

Tip:
Nahe der Höhle befindet sich ein Spiel- und Rastplatz.

15 Schillerhöhle

Wer sich mit Höhlen beschäftigt, stößt unweigerlich immer wieder auf Weinland und seinen „Rulaman", der damit, heute würde man sagen, einen Bestseller produziert hat. Vorbild für diesen Roman, so sagt man, sei die Schillerhöhle gewesen, die man unweit der Ruine Hohenwittlingen bei Bad Urach findet.

Diese **Schillerhöhle** liegt auf dem Nordhang des Bergvorsprungs, auf dem die Ruine Hohenwittlingen steht. Mit dem Dichter Schiller hat ihr Name nichts zu tun. Woher er statt dessen kommt, ist aber auch nicht sicher. Den Eingang zur Höhle erreicht man nach einer kurzen, gut ausgeschilderten Wanderung vom Wanderparkplatz aus am Ortsende des Dorfes Wittlingen. Die Höhle selbst liegt rechts vom Weg, der Höhleneingang befindet sich hinter einer Naturbrücke, also etwas versteckt, ein Stück weit hangabwärts.

Leicht bergab führt der Weg in die Höhle hinein. Ein klammartiger Abschnitt reicht etwa zehn Meter in die Höhe (also unbedingt auch einmal nach oben leuchten!). Tief geht es in die Höhle hinein, ehe, nach einer Engstelle, links die von Weinland beschriebene Wasserspalte liegt, aus deren Beschreibung man herleitet, hier handle es sich um das Vorbild zur „Tulkahöhle" des „Rulaman". Gleich nach dieser Spalte fällt die Höhle steil ab, wird auch sehr lehmig. Hier hinabzuklettern lohnt nicht mehr, der Gang führt zwar noch weiter, ist aber bald mit einem Tor verschlossen, so daß man auf dem gleichen Weg zurück muß.

Trotz Rulaman – Grabungsfunde, die menschliche Anwesenheit in der Höhle beweisen könnten, gibt es nicht. Angeregt durch andere Grabungen ließ der Uracher Oberförster Graf von Mandelslohe 1833 zwar in der Höhle graben, aber nur nach Knochenfunden suchen. Nach Kulturresten wurde erstens nicht gesucht und der Aushub zudem einfach den Abhang hinuntergekippt.

Wie kommt man zur Schillerhöhle?
Von Reutlingen über die B 28 nach Bad Urach, B 465 in Richtung Münsingen, aber bereits nach circa 4 Kilometern geht es links ab nach Wittlingen hinauf. Dort folgt man dem Schild „Hohenwittlingen". Ab dem Wanderparkplatz ist der Weg zur Höhle als Nr. 65 ausgeschildert.

Öffnungszeiten: frei zugänglich

Kartenempfehlung:
1 : 50 000 Topographische Karte L 7522, Bad Urach

Tip:
Wer nach dem Besuch der Höhle nur das kleine Stück zum oberen Wegniveau wieder hinaufsteigt, hat nicht mehr weit zur *Ruine Hohenwittlingen.* Erbaut wurde die Burg 1090 vom Ortsadel Wittlingens, in der Mitte des 13. Jahrhunderts kam sie an die Grafen von Württemberg. 1576 brannte sie ab und wurde nach teilweisem Wiederaufbau bis ins 18. Jahrhundert als Gefängnis genutzt. Die Schildmauer ist noch gut erhalten, der Blick ins Ermstal lohnend.

Große Rusenschloßgrotte

Schon vom Tal aus ist sie weithin sichtbar, die **Große Rusenschloßgrotte**. Ihre Eingangsöffnung hat aber auch wirklich enorme Ausmaße: 16,6 Meter hoch ist sie und 14,5 Meter breit. Nach hinten steigt sie auf einer Länge von 28 Meter an, ehe sie mit einem kleineren Höhlenraum abschließt.

Ihren Namen hat sie nach der als das Rusenschloß bekannten Burgruine Hohengerhausen. Diese wurde im 12. Jahrhundert erbaut und fasziniert noch heute, weil kaum vorstellbar ist, wie mit den damaligen bautechnischen Möglichkeiten auf so schmalen Felsen eine so wehrhafte Burg errichtet werden konnte.

Für den Besuch von Burg und Höhle ist gutes Schuhwerk erforderlich, denn die Höhle ist sowohl von unten als auch von oben her nur über einen Steilhang zu erreichen.

i

Wie kommt man zur Rusenschloßgrotte?
Im Rahmen einer (ausgeschilderten, circa eineinhalbstündigen) Wanderung, die ihren Anfang an einem der Parklätze beim Verkehrsamt am Rande von Altstadt und Blautopf in Blaubeuren nimmt.

Wer schneller nur zur Grotte will, fährt ein Stück weiter in Richtung Gerhausen, parkt beim Naturfreundehaus, geht über eine Brücke unter dem Viadukt über die Blau, an der ersten Gabelung links, an der zweiten halbrechts bis zur Kreuzung und dort halbrechts bergauf. Nun nur noch gerade aus, bis ein Schild vollends den Weg zur Grotte weist.

Öffnungszeiten: frei zugänglich
Die Grotte darf aber vom 1. Februar bis 15. Juli wegen brütender Vögel aus Gründen des Vogelschutzes nicht betreten werden.

Kartenempfehlung:
1 : 50 000 Topographische Karte L 7524, Blaubeuren

Brillenhöhle

Die **Brillenhöhle**, manchmal auch Zwickerhöhle genannt, macht ihrem Namen keine Schande. Wer in der geräumigen Halle steht und zu den beiden Öffnungen in der Decke hinauf sieht, braucht nicht lange mehr zu rätseln, woher sie ihren Namen hat. Bei Grabungen in der Höhle wurden viele Funde gemacht: Geräte wie Schaber und Stichel, aber auch Schmuck aus Knochen und natürlich viele, viele Tierknochen. Da es in der Höhle zwei steinerne Einbauten gab, schließt man, daß die Höhle nicht nur – wie andere – kurzfristiger Lagerplatz, sondern über einen längeren Zeitraum von eiszeitlichen Jägern bewohnt war.

Wie kommt man zur Brillenhöhle?
Von der Straße aus Blaubeuren nach Schelklingen zweigt circa 750 Meter nach dem Bahnhof Blaubeuren, noch vor Weiler, ein markierter Wanderweg ab, das sogenannte „Bahnhofswegle“, das eigentlich zum Felslabyrinth führt, das einem den Abstecher wert sein sollte. Der Weg zur Brillenhöhle zweigt unbezeichnet vor einem großen überhängenden Fels mit Gipfelkreuz ab und führt als Zickzackpfad den Hang hinauf zur Höhle. Sie ist verschlossen, doch sieht man alles. Steigt man noch ein Stück höher, dann sieht man auch von oben die charakteristischen namensgebenden beiden Löcher. Große Vorsicht ist dabei aber geboten!

Öffnungszeiten: Die Höhle ist verschlossen, aber man sieht (auch ohne den Schlüssel) alles.
Wer mag, kann sich den Schlüssel gegen Pfand im Urgeschichtlichen Museum holen. Eine vorherige Terminabsprache ist dann empfehlenswert (Telefon 0 73 44/92 10 30).

Kartenempfehlung:
1 : 50 000 Topographische Karte L 7524, Blaubeuren

Sirgensteinhöhle

Die Höhle liegt in einem Sirgenstein genannten Felsen rund 35 Meter über dem Talgrund. Ein Gang führt halbrechts ein ganzes Stück weit in den Hang hinein in die hintere Halle, wo nach dem Halbdunkel im vorderen Teil zwei Öffnungen in der Decke Licht einfallen lassen. Die **Sirgensteinhöhle** (s. auch Kapitel „Wer erforscht Höhlen wissenschaftlich und warum?“) ist als Flußhöhle entstanden, auch wenn von einem Fluß heute weit und breit nichts mehr zu sehen ist.

Allein auf dem Höhlenvorplatz und auf den ersten 15 Metern wurden bei Grabungen bis in $2^{1}/_{2}$ Meter Tiefe über 5 000 Werkzeuge aus Feuerstein und unzählige Tierknochen von den verschiedensten Tieren gefunden. Man schloß daraus, daß die Höhle während der Eiszeit ständig und später immer mal wieder bewohnt war.

Wie kommt man zur Sirgensteinhöhle?
Von der Straße aus Blaubeuren in Richtung Schelklingen geht nach dem Ort Weiler eine Parkbucht ab.

Von diesem Parkplatz führt nach der zweiten Forsthütte ein unscheinbarer, auch unbezeichneter Pfad zur Höhle hinauf, die nach circa 500 Metern erreicht ist. Taschenlampe nicht vergessen, man kann ein gutes Stück weit bequem hineingehen.

Öffnungszeiten: frei zugänglich

Kartenempfehlung:
1 : 50 000 Topographische Karte L 7724, Ulm

Geißenklösterle

Das **Geißenklösterle** ist das Jahr über nicht so spannend. Dort wird sporadisch noch immer gegraben, deshalb ist die Höhle auch mit Tor und Gitter versperrt. Einmal im Jahr, zum *„Tag der offenen Höhle"* sieht das ganz anders aus. Nicht nur, daß es dann Führungen zur

Das Höhlentor beim Geißenklösterle

Höhle gibt, interessant sind die hauptsächlich für Kinder gedachten und gemachten Veranstaltungen rund ums Thema Steinzeit. Doch alles Wichtige dazu wurde schon oben, im Kapitel „Was gibt es für Familien in Höhlen zu entdecken" gesagt.

Das Geißenklösterle ist heute nur noch die Ruine einer ursprünglich großen Höhlenhalle, zu der man rund 60 Meter im Zickzack einen steilen Hang hoch steigen muß. Der Name sagt schon, wozu man die Höhle lange nur benutzte: um die Ziegen, die „Geißen", bei schlechtem Wetter unterzustellen. Grabungen werden dort seit 1957 vorgenommen, mit mehr als interessanten Ergebnissen übrigens. So fand man unter anderem das in Elfenbein geschnitzte Halbrelief eines Menschen, das mit einem errechneten Alter von mehr als 30 000 Jahren zur ältesten bekannten Kunst in Europa zählt. Fast faszinierender noch ist die Entdeckung einer rund 13 Zentimeter langen, allerdings in unzählige Knochenstückchen zersplitterten Flöte, die erst 1990 gefunden wurde. Sie bestand aus dem Unterarmknochen eines großen Vogels, vermutlich eines Schwans, war verziert und konnte bereits mehrere Töne erzeugen!

Wie kommt man zum Geißenklösterle?
Das Geißenklösterle in Blaubeuren-Weiler erreicht man über die B 492 Blaubeuren Richtung Ehingen, die circa 1 Kilometer nach Blaubeuren abzweigt. Die Höhle liegt hinter der Firma Prinzing circa 50 Meter über dem Tal. Von der Gabelung des Asphaltwegs aus, geht man links, um gleich darauf einem Zickzackpfad dem Wald hoch zu folgen.

Beim Höhlenfest ist die Zufahrt gut ausgeschildert.

Öffnungszeiten: Guter Einblick von außen auf die (durch von der Decke herabhängende Schnüre) in Quadrate aufgeteilte Grabungsstätte.
Zugänglich nur im Rahmen des Höhlenfestes zum „Tag der offenen Höhle".

Auskünfte: Termin, Ort und Aktivitäten zum „Tag der offenen Höhle" sind im Urgeschichtlichen Museum, Karlstraße 21, 89143 Blaubeuren, Telefon 0 73 44/92 10 30, zu erfragen.

Kartenempfehlung:
1 : 50 000 Topographische Karte L 7524 Blaubeuren

Hohler Fels

Der Felsklotz, der weiß und imposant aus dem Wald herausragt, führt durch seinen Namen, **Hohler Fels**, Besucher erst einmal in die Irre. Lediglich die Eingangshalle der Höhle zieht sich durch den Fels. Die eigentliche Höhle liegt im Berghang.

Der Hohle Fels bei Schelklingen

Mit rund 500 Quadratmetern und einem Rauminhalt von 6 000 Kubikmetern ist sie eine der größten Höhlenhallen auf der Schwäbischen Alb. Vom Höhlenklima her, ist sie eine „Backofenhöhle", denn ihr Boden steigt nach hinten an. Tropfsteinschmuck hat sie keinen (mehr), an den Wänden aber gibt es die sogenannte Montmilch.

Mehrere Grabungen haben reiche Funde machen lassen. Obwohl die Teilnehmer einer Tagung des Anthropologischen Vereins, die 1872 in der Höhle stattfand, einen Teil der Funde als Souvenir mit nach Hause nehmen durften, vermutet man selbst heute noch unbekannte „Schätze" in ihr, die nur Dank den sehr schwierigen Grabungsbedingungen wegen wasserführender Schichten auf weitere Erforschung warten.

Der Hohle Fels ist die einzige Schauhöhle auf der Schwäbischen Alb, die vom eiszeitlichen Menschen intensiv, das heißt immer wieder und auch für längere Perioden, besiedelt war. Die reichen Funde daraus sind im Heimatmuseum der Stadt Schelklingen zugänglich gemacht. Alljährlich wird darüber hinaus ein großes Höhlenfest gefeiert.

Wie kommt man zum Hohlen Fels?
B 492 Blaubeuren Richtung Schelklingen, in Schelklingen folgt man dem Schild „Schwimmbad", parkt und erreicht die Höhle in zehn Minuten über einen geteerten Weg.

Per Bahn: Im Eilzug bis Schelklingen, dann Gehweg entlang der B 492 in Richtung Blaubeuren, folgt man dem Schild „Schwimmbad" (weiter: s. oben).

Öffnungszeiten: Mitte April bis Mitte Oktober
bei schönem Wetter sonntags
Außerhalb dieser Zeit nur nach Absprache für Gruppen.
Mitte Oktober bis Mitte April bleibt die Höhle aus Gründen des Fledermausschutzes geschlossen.

Eintritt:

Eintritt:	Erwachsene	DM 2,00
	Kinder	DM 1,00

Führung: Dauer: 30 Minuten

Auskünfte: Infos und Anmeldung:
Stadt Schelklingen, Telefon 0 73 94/24 80,

oder: Heimatmuseum, Telefon 0 73 94/28 76

Information für alle Höhlen:
Verkehrsamt, Auf dem Graben 15, 89143 Blaubeuren, Telefon 0 73 44/92 10 25,

oder: Urgeschichtliches Museum, Karlstraße 21, 89143 Blaubeuren, Telefon 0 73 44/92 10 30

Heimatmuseum Schelklingen:
Öffnungszeiten: Zur Zeit nach Vereinbarung, da das Museum gerade umgestaltet wird (es ist eine Häfner-Ausstellung geplant).

Eintritt: frei, Spenden sind erwünscht

Auskünfte: Stadt Schelklingen, Telefon 0 73 94/24 80,

oder: Heimatmuseum, Telefon 0 73 94/28 76

Kartenempfehlungen:
1 : 50 000 Topographische Karte L 7524, Blaubeuren
1 : 50 000 Topographische Karte L 7724, Ulm

Tip:
Brillenhöhle, Geißenklösterle und Sirgenstein liegen an einer Strecke, unweit voneinander. Sie können also gut nacheinander besucht werden und trotzdem bleibt noch Zeit für *Blaubeuren* selbst; denn ein Muß für diesen Ausflug ist ein Aufenthalt in Blaubeuren. Vor allem wegen seines Museums, das Aufschluß über die Funde aus den Höhlen in der Umgebung liefert. An erster Stelle zu nennen ist hier das *Urgeschichtliche Museum Blaubeuren*, wo Grafiken, Fotos, Dioramen, Video-Filme, Funde und Abgüsse vieles deutlich machen, was man sich beim Besuch der einzelnen Höhlen nur schwer oder gar nicht vorstellen kann.

Urgeschichtliches Museum:

Öffnungszeiten:	1. April bis 31. Oktober	
	dienstags bis freitags	10.00 – 16.00 Uhr
	samstags, sonn- und feiertags	10.00 – 17.00 Uhr
	1. November bis 31. März	
	sonntags	10.00 – 17.00 Uhr
	und nach Vereinbarung	
Eintritt:	bei Sonderausstellungen:	
	Erwachsene	DM 3,00
	Schüler / Kinder	DM 2,00
Auskünfte:	Urgeschichtliches Museum, Karlstraße 21, 89143 Blaubeuren, Telefon 0 73 44/92 10 30	
Hinweis:	Spezielle Aktionen (vor allem für Kinder) auf Anfrage.	

Auch um den Besuch des **Blautopfs** kommt man nicht herum. Für Höhlenfans um so mehr, auch wenn man ihn als „normaler" Mensch nur von „außen", oder soll man besser sagen, von „oben" ansehen kann.

Der Blautopf gehört als Karstquelle ebenfalls zu den Karsterscheinungen, denen ja die meisten Höhlen hier auf der Alb zu verdanken sind. Er ist aber in vieler Hinsicht auch etwas besonderes. Schon aufgrund seiner Farbe. Es hat recht lange gedauert, bis man wußte, daß dies nur die Farbe reinen Wassers ist, in dem sich der Himmel spiegelt. Er hat Dichter und Maler inspiriert. Allen voran Eduard Mörike, der die „Historie von der schönen Lau" schrieb, die Teil seiner Erzählung vom „Stuttgarter Hutzelmännlein" ist, und Moritz von Schwind, der sie so reizvoll illustrierte.

Wer kennt die Geschichte nicht? Die Lau, eine Nixe wird von ihrem Mann, einem alten Donaunix in den Blautopf verbannt, weil sie immer traurig ist und deshalb keine lebensfähigen Kinder bekommen kann. Erst bei den Menschen lernt sie dann doch das Lachen, wodurch am Ende alles wieder gut wird. Eine Skulptur des Bildhauers Fritz von Graevenitz am Ufer des Blautopfs erinnert ebenfalls an die schöne Lau.

Und schließlich und endlich hat der Blautopf selbst der Forschung lange und schwierige Rätsel aufgegeben: 1829 gab es den ersten Versuch, seine Tiefe auszuloten. 1957 begann man mit ersten Tauchversuchen seine Erforschung. Ab 1961 machte Jochen Hasenmayer die in der Tiefe des Blautopfs beginnende Blauhöhle zu seinem bevorzugten Forschungsobjekt. Stets im Alleingang, tastete er sich Stück um Stück weiter vor und machte 1985 endlich seine große Entdeckung: 1 250 Meter tief im Berg entdeckte er den von ihm nach Mörike benannten Mörike-Dom, eine gigantische Tropfsteinhöhle, die sich 125 Meter lang, 35 Meter breit und 30 Meter (!) hoch über dem unterirdischen See wölbt. Bevor er aber auftauchen durfte, nach 24 Jahren endlich am Ziel, und sich das richtig ansehen konnte, mußte er volle 55 Minuten lang, erst in sechs, dann in drei Meter Tiefe im Wasser liegen und dekomprimieren (sich den veränderten Druckverhältnissen anpassen).

Gut, tauchen kann man natürlich nicht selbst, aber sich den Film darüber ansehen, der in der Hammerschmiede am Rand des Blautopfs gezeigt wird, den Blautopf umwandern, Kloster und Museum besuchen und natürlich die eine oder andere der oben genannten Höhlen in der Umgebung Blaubeurens.

i

Wie kommt man zum Blautopf?
A 8 Ausfahrt Ulm-West (Nr. 62), B 28 bis Blaubeuren, dort ausgeschildert. Der Blautopf selbst ist frei zugänglich.

Kartenempfehlung:
1 : 50 000 Topographische Karte L 7524, Blaubeuren

Hammerschmiede:
Wie kommt man hin?
Die Hammerschmiede ist unmittelbar am Ufer des Blautopfs gelegen.

Öffnungszeiten:	Palmsonntag bis 31. Oktober	
	täglich	9.00 – 18.00 Uhr

Filmvorführung:	„Im Reich der schönen Lau" stündliche Vorführung ab	 9.30 Uhr
Eintritt:	Erwachsene Kinder	DM 1,50 DM 0,50
Besonderes:	Einmal im Monat wird ein Schauschmieden durchgeführt.	
Auskünfte:	Fritz Schönhofer, Blautopfstraße 9, 89143 Blaubeuren, Telefon 0 73 44/92 10 27	

17 ∩ Käthra-Kuche und Schuntershöhle

Die Kätheren-Küche oder auch Käthra-Kuche genannte Höhle ist mit nur sieben Metern eine der kleinsten Höhlen. Ein Ausflug zu ihr lohnt sich trotzdem. Wegen ihrer Lage mitten in einem ausgedehnten Wald- und Wandergebiet und weil die Geschichte, die mit ihr verknüpft ist, nicht nur Kinder irgendwie gruseln macht.

Ihren Namen hat die Höhle von einer Katharina, schwäbisch wurde sie einfach die „Käther" genannt, die in ihr Ende des 18. Jahrhun-

Vor der Käthra-Kuche

derts gehaust haben soll. Eine Hexe sei sie nicht gewesen, heißt es in den Überlieferungen ausdrücklich. Sie soll aber allerhand Schabernack getrieben haben. Trotzdem hat sich eine Faschingszunft nach ihr benannt und sie zur Hexe umfunktioniert: Die in Ehingen an der Donau beheimatete Faschingszunft führt im Festzug traditionell einen Wagen mit, der die Nachbildung einer Höhle zeigt, in die man unterwegs gefangene Zuschauer kurzzeitig einsperrt. Und ihr Ruf lautet??? „Käthra-Kuche"!

In der Nähe der Höhle der Käther gibt es eine zweite Höhle, die **Schuntershöhle.** Das ist nicht einmal eine Höhle, sondern nur eine Nische im Fels. Und hier sollen doch tatsächlich die Eltern der „Käther" gelebt haben. Dagegen wirkt ja Käthers Höhle noch richtig luxuriös! Noch mehr erstaunt, daß die Schunters für den kargen Unterschlupf auch noch arbeiten mußten: Das Wohnrecht für die Höhle hatten sie von Herzog Carl Eugen nämlich nur unter der Bedingung bekommen, auf den damals in ihrer Nähe neu angelegten Kartoffeläckern nachts Feuer zu unterhalten, um die Wildschweine von ihnen abzuhalten.

Wie kommt man zur Käthra-Kuche?
Von Reutlingen über Bad Urach, B 465 Richtung Ehingen bis Altsteußlingen, oder von Ulm über die B 311 bis Ehingen, dann die B 465 bis Altsteußlingen, dort nach Briel abbiegen.

Fast am Ortsende von Briel geht mit liegender blauer Gabel als Wanderzeichen durch einen Bauernhof hindurch der Weg zur Höhle ab. Zurück geht es dann auf dem Schwäbische Alb-Oberschwabenweg HW 7, der mit einem roten Balken markiert ist.

Wie kommt man zur Schuntershöhle?
Zu ihr kann man fahren, ein längerer Anmarsch würde sich nicht lohnen. Dazu fährt man nach Weilersteußlingen und dort die „Ehinger Gasse" hinunter. Was wie ein Waldweg wirkt, ist dennoch die alte Straße. An der Gabelung hält man sich rechts und muß unterwegs gut aufpassen, daß man die (nach circa zwei Kilometern ab Weilersteußlingen) links liegende Höhle am Ende nicht noch verpaßt.

Öffnungszeiten: frei zugänglich

Auskünfte: Verkehrsamt Ehingen (Donau),
Telefon 0 73 91/50 32 33

Kartenempfehlung:
1 : 50 000 Topographische Karte L 7722, Munderkingen

18 Wimsener Höhe

Ω

Die Friedrichshöhle, besser unter ihrem anderen Namen, Wimsener Höhle, bekannt, ist eine aktive Flußhöhle, das heißt eine Höhle, in der ein Wasserlauf fließt. In diesem Buch ist sie die einzige Flußhöhle, die man überhaupt und zudem noch bequem besuchen kann. Dafür ist sie aber ganz besonders reizvoll für einen Ausflug mit der ganzen Familie.

Bootsfahrt in die Wimsener Höhle

Gut 70 Meter tief kann man sich mit einem Boot in die insgesamt 723 Meter lange Höhle hineinfahren lassen und kriegt dabei eine Menge kaum vorstellbarer Sachen erzählt. Daß das Wasser, durch das wir uns fahren lassen, 40 bis 80 Meter pro Stunde fließt, daß aber die Quellschüttung rund 600 Liter pro Sekunde beträgt!

Wimsener Höhle heißt die Höhle nach ihrer geographischen Lage, den Namen Friedrichshöhle verdankt sie ihrem bedeutendsten Besucher, dem Kurfürsten und späteren König Friedrich von Württemberg. An diesen Tag erinnert auch die Marmortafel, an der sich mancher, der vor Jahren sein Latein gelernt hat, heute die Zähne ausbeißen wird – und selbst die Übersetzung ist längst nicht mehr ohne weiteres verständlich: „Dankbar begrüßt den hohen Besuch die hier waltende Nymphe, fröhlicher fließt nun dir Friedrich die rauschende Ach. 1803, 9. August. F. F. Normann".

Die Nymphe? Da sind wir schon wieder einer Sage auf der Spur. Es wird von einer Nymphe erzählt, die in der Höhle in einem verborgenen See leben soll, die aus der Tiefe ab und zu emporsteigt, um zusammen mit Gnomen und Zwergen über den Wassern zu tanzen. Und von einem geheimnisvollen Fährmann, der die Verbindung zwischen der Welt der Verborgenen und der der Menschen hält – jedenfalls so lange, bis ihm die Menschen nachzuspionieren beginnen und die Nymphe wieder zur Einsamkeit in der Tiefe der Höhle verdammt ist.

Den See, in dem die Nymphe leben soll, haben die Forscher inzwischen entdeckt. Sie nannten ihn den „Ehrenfelser See". Doch selbst heute noch bleibt er den Besuchern der Höhle verborgen. So weit kann man in die Höhle nicht hinein. Trotzdem hat man am Ufer dieses Sees die Nixe als Plastik nachgebildet und verkauft das Bild davon als Postkarte.

Wie kommt man zur Wimsener Höhle?
Von Reutlingen auf der B 312 nach Zwiefalten, dann Richtung Hayingen. Von dort aus ist die Wimsener Höhle ausgeschildert.

Öffnungszeiten:	Anfang der Osterferien bis Ende der Herbstferien in Baden-Württemberg	
	täglich	9.00 – 17.30 Uhr
	Gruppen nach Anmeldung	
Eintritt:	Erwachsene	DM 5,00
	Kinder (4 – 12 J.)	DM 4,00
	Kinder (bis 3 J.)	frei
	Familienkarte:	
	2 Erw. + 2 Kinder (bis 12 J.)	DM 16,00
	2 Erw. + 3 Kinder (bis 12 J.)	DM 19,50

Zu beachten: Es ist erforderlich, sich in der Wartereihe anzustellen.
Tiere können nicht mitgenommen werden.
Fotografieren mit Blitzlicht ist in der Höhle verboten.

Führung: Die Führung erfolgt mit einem Kahn.
Dauer: circa 10 bis 15 Minuten

Auskünfte: Anmeldung und Eintrittskartenverkauf:
Gaststätte Friedrichshöhle, Familie Braun,
72534 Hayingen-Wimsen,
Telefon und Fax 0 73 73/28 13

Kartenempfehlung:
1 : 50 000 Topographische Karte L 7722, Munderkingen

Tip:
Ganz in der Nähe liegt *Zwiefalten.* Wer die schöne *Klosterkirche* noch nicht kennt, sollte unbedingt einen Abstecher dorthin machen. Wer den Besuch der Höhle mit einer Wanderung verbinden will, kann beide Ziele zu einer neun Kilometer langen Rundwanderung verbinden: der Ach entlang nach Zwiefalten und über die Wacholderheiden bei Gauchingen zurück.

Die nach Königin Olga benannte Höhle – zur Benennung wurde übrigens eigens die Genehmigung der Majestät eingeholt – kann zusammen mit der Nebelhöhle aufgesucht werden. Genau deshalb wurde sie auch 1874, gleich nach ihrer Entdeckung, zur Schauhöhle ausgebaut: Nach altem Brauch kamen aus allen Himmelsrichtungen unzählige Besucher zu dem an Pfingsten stattfindenden Nebelhöhlenfest. Viele besuchten bei dieser Gelegenheit auch gleich den Lichtenstein, um anschließend nach Honau abzusteigen. Da war es nur willkommen, daß es in Honau auch noch etwas zu sehen gab.

In der Olgahöhle

Als Höhle ist die Olgahöhle vor allem ihrer Entstehung wegen interessant. Man sagt, sie sei der Entstehung nach eine „Primärhöhle". Das heißt, daß nicht wie bei den meisten anderen Höhlen zuerst das Gestein war, in das hinein die Höhlengänge entstanden. Vielmehr ist die Höhle entlang einer Terrassenkante durch Absenken („ausfällen") von Kalk an Moosen, ähnlich wie ein Tropfstein, regelrecht aufgebäumt worden. Das daraus entstandene Gestein nennt man Kalktuff, die Olgahöhle auch eine „Tuffhöhle". – Die heutigen Höhle besteht aus fünf ursprünglich eigenständigen Höhlenräumen. Die künstlichen Durchbrüche und Verbindungen erfolgten erst im Zuge der Erschließung. Schon 1884 wurde die Olgahöhle übrigens, man höre und staune, als erste Schauhöhle Deutschlands elektrisch beleuchtet. Schon das war damals eine Attraktion!

Wie kommt man zur Olgahöhle?
Von Reutlingen die B 312 / B 313 in Richtung Engstingen bis Lichtenstein-Honau. Die Zufahrt zur Höhle erfolgt über die „Olgastraße“ in Lichtenstein-Honau.

Öffnungszeiten:	März bis November	
	1. Sonntag im Monat	10.00 – 17.00 Uhr
Eintritt:	Erwachsene	DM 2,00
	Schüler (6 – 15 J.)	DM 1,00
	Gruppen ab 10 Personen je	DM 1,50
Führung:	Dauer: circa 20 bis 30 Minuten	
Auskünfte:	Familie Keppler, 72805 Lichtenstein, Telefon 0 71 29/51 79	

Kartenempfehlung:
1 : 50 000 Topographische Karte L 7520, Reutlingen

Tip:
Höhlenfans können heute groß auf ihre Kosten kommen. Wer mag, kann am selben Tag die *Nebelhöhle* besuchen oder die ebenfalls nicht allzu weit entfernte *Bärenhöhle* bei Sonnenbühl.

Die Nebelhöhle ist eine der bekanntesten Schauhöhlen. Sie verdankt dies weniger ihrer natürlichen Ausstattung, als dem bekannten Nebelhöhlenfest, das schon seit dem Besuch des Kurfürsten Friedrich von Württemberg im Jahr 1803 traditionell am Pfingstmontag gefeiert wird. Und sie verdankt es dem 1826 erschienenen Roman „Lichtenstein“ von Wilhelm Hauff, in dem der 1519 geächtete und aus seinem Land vertriebene Herzog Ulrich für einige Zeit tagsüber in der Nebelhöhle Zuflucht findet und sich nachts zum Essen auf die Burg Lichtenstein schleicht. Zwar zweifelt man an der historischen Echtheit des Ge-

Schloß Lichtenstein

schilderten, aber das tut der Bekannt- und Beliebtheit der Höhle nicht den geringsten Abbruch. Im Gegenteil, der Roman trug wesentlich dazu bei, einen vaterländischen Patriotismus in Württemberg entstehen zu lassen. Und was er übrigens auch noch entstehen ließ, das ist Schloß Lichtenstein selbst. Es liegt nur einen Katzensprung, auch zu Fuß, entfernt und lohnt in jedem Fall noch einen Abstecher. Es wurde nämlich erst 14 Jahre nach dem Erscheinen des Romans, mit dem Roman als Vorlage, gebaut! Das allein macht doch schon neugierig auf das Schloß und den Roman und vielleicht auch auf den Dichter selbst, dem man im Wilhelm-Hauff-Museum in Honau nachspüren kann.

Doch das ist noch nicht alles. Auch heute noch ist die Nebelhöhle in besonderer Weise mit den Landesobrigkeiten verknüpft. In den Bombennächten von 1944 wurde das Neue Schloß in Stuttgart fast völlig zerstört. Jahre später wurde über Abriß oder Neubau diskutiert und letzterer beschlossen. Nur die Repräsentationsräume sollten dabei in ihrem alten Glanz erstrahlen. Für die Schmuckfelder im „Marmorsaal" und im Treppenhaus sollten wie zuvor Sinter aus Albhöhlen Verwendung finden. Erst einmal versuchte man dies mit sowieso schon abgebrochenen Tropfsteinen zu erreichen, doch die Stücke waren zu klein. An die Nebelhöhle erging daher 1961 die Bitte, einen größeren Stein zur Verfügung zu stellen. Sie wurde erfüllt, im Neuen Schloß wurde der Tropfstein in zwei Millimeter starke Scheiben zersägt, in Holzfurniere eingelegt und schmückt so heute die Wände im Neuen Schloß in Stuttgart. Den Tropfstein-Stumpf in der Nebelhöhle gibt es natürlich ebenfalls noch.

i

Wie kommt man zur Nebelhöhle?
Von Reutlingen auf der B 312 / B 313 in Richtung Engstingen, von Honau weiter nach Sonnenbühl-Genkingen, ab dort ist die Zufahrt ausgeschildert.

Öffnungszeiten:	April bis Oktober	
	täglich	9.00 – 17.00 Uhr
	November und März	
	sonn- und feiertags	9.00 – 17.00 Uhr
Eintritt:	Erwachsene	DM 5,00
	Schüler (ab 15 J.) / ermäßigt	DM 4,00
	Schüler (6 – 14 J.)	DM 2,50
Führung:	Dauer: 25 Minuten	
	(Besichtigung auch ohne Führung möglich)	
Auskünfte:	Nebelhöhle Genkingen, 72820 Sonnenbühl, Telefon 0 71 28/6 05 oder 6 82,	

oder: Gemeindeverwaltung, 72820 Sonnenbühl, Telefon 0 71 28/9 25-18

Kartenempfehlung:
1 : 50 000 Topographische Karte L 7520, Reutlingen

Tip:
Eine reizvolle markierte Rundwanderung, die keine große Anstrengung erfordert, verbindet die Nebelhöhle und Schloß Lichtenstein.

Die Geschichte von Herzog Ulrich findet sich in Wilhelm Hauffs „Lichtenstein", das ebenfalls im Fleischhauer und Spohn Verlag erschienen ist.

Schloß Lichtenstein (nur mit Führung zu besichtigen):

Öffnungszeiten:	April bis Oktober	
	werktags	9.00 – 12.00 Uhr
	und	13.00 – 17.30 Uhr
	sonn- und feiertags	durchgehend geöffnet
	November, Februar und März	
	samstags, sonn- und feiertags	9.00 – 12.00 Uhr
	und	13.00 – 17.00 Uhr
Eintritt:	Erwachsene	DM 6,00
	Schüler (ab 15 J.) / ermäßigt	DM 4,50
	Schüler (6 – 14 J.)	DM 2,50
Führung:	Dauer: 30 Minuten	
Auskünfte:	Schloßverwaltung, Telefon 0 71 29/41 02, Fax 52 59	

Wilhelm-Hauff-Museum, Lichtenstein-Honau:

Öffnungszeiten:	Ostern bis 15. November	
	samstags, sonn- und feiertags	14.00 – 17.00 Uhr
Eintritt:	Erwachsene	DM 2,50
	Jugendliche (14 – 18 J.)	DM 1,50
	Schulklassen pro Person	DM 1,00
Führung:	Dauer: 45 Minuten	
Auskünfte:	Museum, Telefon 0 71 29/69 60	

21 Bärenhöhle

Die Bärenhöhle ist sicher die bekannteste Höhle der Schwäbischen Alb. So bekannt, daß man sie eigentlich nicht eigens aufführen muß, zumal sie von manchen schon als „Rummelhöhle" abgetan wird. Sicher, es ist – gelinde gesagt – befremdlich, wenn bei der Zufahrt schon von fern ein Riesenrad über den Wald herausragt, doch darf man das der Höhle selbst nicht anlasten.

Die Höhle besteht aus zwei Teilen, der schon länger bekannten Erpfinger oder Karlshöhle und ihrem später entdeckten Teil, der Bärenhöhle, die heute zusammen erschlossen sind. Der ältere Teil, die *Karlshöhle*, wurde 1834 entdeckt und auch dazu gibt es wieder einmal eine Geschichte: Dem Erpfinger Lehrer Fauth war beim Kräutersammeln seine Schnupftabakdose aus der Tasche gefallen, geradewegs in ein Loch hinein. Natürlich wollte er sie gerne wiederhaben und fand dabei die Höhle. Der erste Anblick war wenig schön, er fand erst einmal einen ganzen Berg menschlicher Knochen. Nachdem diese abgeräumt waren, entdeckten er und seine Helfer auch jede menge Bärenknochen und die schönen Tropfsteine. Vor allem die zahlreichen Deckentropfsteine, wegen ihrer schlanken Form „Makkaronis" genannt, geben der Höhle noch heute einen ganz eigenen Reiz.

1949 fiel dem Höhlenführer Karl Bez auf, daß im hinteren Teil der Halle immer wieder spurlos Fledermäuse zu verschwinden schienen. Herr Bez ging der Sache nach und entdeckte so den als *Bärenhöhle* bekannten zweiten Teil der Höhle. Hier gibt es viele besonders prächtige Tropfsteine. Man kann seiner Phantasie darüber, was sie alles darstellen könnten, freien Lauf lassen. Interessant aber ist die Höhle nach wie vor hauptsächlich wegen ihrer zahlreichen Bärenknochen, die – teils versintert – in der Höhle waren und an ihrem Fundort belassen wurden.

Wie kommt man zur Bärenhöhle?
Von Reutlingen aus die B 312 / B 313 bis zur Abzweigung, dann die B 313 Richtung Großengstingen und bei der „Haid-Kapelle" links in Richtung Erpfingen. Dann ist die Zufahrt ausgeschildert.

Öffnungszeiten:	April bis Oktober	
	täglich	9.00 – 17.30 Uhr
	November und März	
	samstags, sonn- und feiertags	9.00 – 17.00 Uhr
	Von Dezember bis Februar ist die Höhle zum Schutz der Tiere geschlossen.	
Eintritt:	Erwachsene	DM 5,00
	Schüler (über 15 J.)	DM 4,00
	Schüler (6 – 15 J.)	DM 2,50

Führung: Dauer: 30 Minuten

Auskünfte: Infos, Anmeldung, Führungen:
Bärenhöhle, Telefon 0 71 28/6 35,

oder: Verkehrsbüro Sonnenbühl, Rathaus,
Hauptstraße 2, 72820 Sonnenbühl,
Telefon 0 71 28/9 25-18, Fax 9 25-50

Kartenempfehlung:
1 : 50 000 Topographische Karte L 7520, Reutlingen

Tips:
Einkehrmöglichkeit besteht im Rasthaus Bärenhöhle.

Vom Parkplatz an der Höhle gehen mehrere Rundwanderungen verschiedener Länge ab.

Kinder mögen's: Das *„Traumland"*, ein Freizeitpark, direkt bei der Höhle.

Freizeitpark „Traumland":

Öffnungszeiten: Ostern bis 1. November
täglich 9.00 – 18.00 Uhr
(Die Kasse schließt um 17.00 Uhr.)

Eintritt:
Erwachsene DM 12,00
Kinder (3 – 11 J.) DM 10,00
Freitags – außer an Feiertagen – ist Kindertag: Pro Erwachsenem hat ein Kind freien Eintritt.

Auskünfte: Traumland, Telefon 0 71 28/21 58 und 21 59

Der „Nandi“ begrüßt, unübersehbar, auf der Brücke über die Lauchert hockend alle, die nach Veringenstadt kommen. Der Nandi hat seinen Namen aus der liebevollen Verballhornung von Neandertaler. Wer die Inschrift am Fuß der riesigen Skulptur liest, braucht sicher nicht lange, um darauf zu kommen. Schließlich heißt es dort: „So wie dieser aus einem mächtigen Muschelkalkblock gehauene Ur-

Der „Nandi“ von Veringenstadt

mensch in sich ruhend Ausschau hält, so saßen vor etwa 50 000 Jahren Menschen vom Schlage des Neandertalers vor den Höhlen um Veringenstadt. Daran soll diese Plastik erinnern, die hier als Zeichen für die lange Ahnenreihe der Menschheit steht.“ Die Narrenzunft von Veringenstadt hat dies auch gewürdigt und ihm eine Maske nachempfunden, den Nandi eben.

Doch Spaß beiseite. Veringenstadt hat in seinen beiden größten und bekanntesten Höhlen, der **Göpfelsteinhöhle** (der der Nandi den Rücken zudreht) und der **Nikolaushöhle** (zu der er hin sieht) tatsächlich Höhlen mit Funden aus der Zeit des Neandertalers aufzuweisen. Man kann sie sich im Heimatmuseum ansehen.

Beide Höhlen können gut vom Ortszentrum aus erreicht werden und sind auch dadurch reizvoll, daß man von der einen zur anderen hinüber sieht.

In der Nikolaushöhle gibt es zudem ein regelmäßiges Höhlenfest, und zwar immer am Sonntag vor dem Nikolaustag, dem 6. Dezember.

i

Wie kommt man zu den Höhlen bei Veringenstadt?
Von Reutlingen die B 312 / B 313 bis zur Abzweigung, dann die B 313 in Richtung Sigmaringen. Veringenstadt liegt direkt auf dieser Strecke.

Zur Nikolaushöhle weist gegenüber der Nandi-Skulptur in Veringenstadt ein Holzschild. Zur Göpfelsteinhöhle führt der Weg aus der Ortsmitte, zwischen Landesbank und Strübhaus, hinauf.

Öffnungszeiten: frei zugänglich

Auskünfte: Bürgermeisteramt Veringenstadt,
Telefon 0 75 77/9 30-0, Fax 16 81

Heimatmuseum Veringenstadt (im Rathaus Veringenstadt):
Öffnungszeiten: nach Absprache mit:
Stefan Fink, Telefon 0 75 77/9 38 32
Dr. Erwin Zillenbiller, Telefon 0 75 77/72 69

Eintritt: Nach Absprache, je nach Art der Führung.

Kartenempfehlung:
1 : 50 000 Topographische Karte L 7920, Sigmaringen

Tips:
Der Besuch in Veringenstadt lohnt sich in mehrerer Hinsicht. Zum einen ist es ein nettes Städtchen, das selbst einen Bummel lohnt. Zum anderen gibt es hier noch etwas zu sehen, was seinen Platz im Bergwerksteil hat: Das südliche Lauchertgebiet, rund um Veringenstadt gehörte noch vor hundert Jahren zu den wichtigsten Bohnerzabbaugebieten Süddeutschlands. In Veringenstadt gibt es den dreiteiligen *„Heimatgeschichtlichen Rundweg"*, dessen einer Teil sich auch dem Bohnerzabbau widmet. Dieser beginnt zwei Kilometer außerhalb der Stadt, am Wanderparkplatz „Erzgruben", bei der Grillhütte. Informationstafeln sind dort vorhanden. Eine Informationsbroschüre kann man sich vorab bei der Stadtverwaltung besorgen. – Mit etwas Glück kann man hier sein eigenes Stück Bohnerz ganz einfach am Wegrand finden: Bohnerze sind, daher der Name, bohnengroß, grau bis braun und schwerer als ein etwa gleich großer Stein. Das kommt vom Eisenanteil, der meist um die 30 Prozent beträgt, aber auch bis 70 Prozent betragen kann.

Um die **Linkenboldshöhle** ranken sich viele Sagen und Geschichten. Gerade das macht sie interesant. Den ersten Hinweis auf die Höhle gibt es in den Jugenderinnerungen des in Schwaben bekannten Pfarrers und Erfinders Philipp Matthäus Hahn aus der Zeit, als sein Vater Pfarrer in Onstmettingen war. Und Gustaf Schwab, der schwäbische Dichter und Heimatforscher, behauptete, beobachtet von der sich gruselnden Dorfbevölkerung, selbst über eine Leiter in die Höhle gestiegen zu sein. Natürlich gibt es auch Sagen, die sich um den Linkenbold selbst ranken. Eine davon erzählt, er sei zwar nicht der Teufel selbst, aber ein Erdmännlein und ein wilder Geselle, der das „Muotes Heer" (oder Muthes Heer: das Wotansheer) anführe. Zum anderen gibt es die zum Heimatspiel verarbeitete romantische Geschichte, die den Linkenbold zum betrogenen Grafensohn macht, der schließlich von der Höhle aus zu Rachefeldzügen aufbricht, ehe er dort auch im letzten blutigen Kampf stirbt.

Die Linkenboldshöhle selbst hat früh Förderer gefunden. Um kaum eine andere Höhle wurden solche Anstrengungen unternommen: Zum Unterhalt und Ausbau der Höhle wurde nämlich bereits im vorigen Jahrhundert die „Linkenbold-Actien-Gesellschaft zu Onstmettingen" mit 34 Aktionären gegründet. Doch zwischen und nach den Kriegen kümmerte sich niemand mehr um die Höhle. Sie verkam und erlitt starke Schäden. Erst seit 1975 ist sie durch den Schwäbischen Albverein wieder als Schauhöhle hergestellt und (für wenige Tage im Jahr) zugänglich gemacht worden.

Wie kommt man zur Linkenboldshöhle?
Zufahrt über Albstatt-Onstmettingen in Richtung Hausen. Nach cirda 1,5 Kilometern führt in einer Kehre nach rechts ein markierter Weg zur Höhle.

Oder von der B 32 Hausen Richtung Albstadt-Onstmettingen.

Öffnungszeiten:	Himmelfahrt und 2. Sonntag im September 9.00 – 17.00 Uhr (Gruppen nach Anmeldung ganzjährig)
Eintritt:	pro Person DM 1,00 (Spenden erwünscht)
Führung:	Dauer: 20 bis 25 Minuten
Auskünfte:	Schwäbischer Albverein, Ortsgruppe Onstmettingen, Franz Radleff, Achalmstraße 43, 72461 Albstadt, Telefon 0 74 32/2 14 69

Kartenempfehlung:
1 : 50 000 Topographische Karte L 7720, Albstadt

24 Kolbinger Höhle

∩

Die Kolbinger Höhle war eine zeitlang auch als Stefanshöhle bekannt. Damals hatte sie ihren Namen nach dem Dieb Stefan, der in ihr seine Beute lagerte.

Auf dem Weg zur Höhle gelangt man über einen schmalen Pfad erst einmal zu einem sogenannten Felsentor. Solche Tore, man nennt sie auch Naturbrücken, gibt es immer wieder. Sie sind Reste früherer Höhlen, die von der Abtragung der anderen Gesteine (noch) nicht erfaßt worden sind.

Gleich nach diesem Höhlentor findet sich der Zugang zur Kolbinger Höhle, die ihrer Entstehung nach eine Schachthöhle ist. Auf 141 Stufen und betonierten Wegen ist sie mittlerweile gut begehbar, was aber ihrem Reiz keinen Abbruch tut. Kalksinter und Tropfsteine haben einen Formenreichtum geschaffen, bei der die Phantasie noch lange nicht an ihre Grenzen gelangt ist.

Gibt es vielleicht deshalb so viele Sagen und Erzählungen, die gerade um diese Höhle kreisen? Da man in einer der Tropfsteingruppen den „Vogt von Kolbingen" zu erkennen glaubt, soll seine Geschichte erzählt werden: Ein junger Mann, der sich etliches zuschulden hatte kommen lassen, sollte dafür gehenkt werden. Da aber die Ernte kurz bevor stand und die Leute Angst hatten, ihr Korn auf den Feldern rund um den Richtplatz könnte durch die vielen Zuschauer, die es bei einer Erhängung damals immer gab, zertrampelt werden, suchten sie fieberhaft nach einem Ausweg. Einige schlugen vor, ihn erst einmal bis zum Herbst einzusperren, andere wieder meinten, dies sei für ihre kleine Gemeinde zu teuer. Schließlich einigte man sich darauf, ihn so lange frei zu lassen. Zugleich bat man ihn, zu einem bestimmten Termin zurück zu sein, daß man ihn hängen könne. Später fürchteten sie, dumm gewesen zu sein. Der kommt doch nicht wieder! Aber was keiner so richtig geglaubt hatte, pünktlich, wie ausgemacht, kam der junge Mann zurück, weil man vor seinem Schicksal ja nicht weglaufen dürfe. Seine Richter waren nun so von seiner Ehrlichkeit beeindruckt, daß sie ihn nicht nur begnadigten, sondern ihn zu ihrem Vogt, also ihrem Richter machten – eben weil kein Ehrlicherer zu finden sei.

i

Wie kommt man zur Kolbinger Höhle?
Von der Straße zwischen Tuttlingen und Sigmaringen zweigt die Straße über Mühlheim/Donau nach Kolbingen ab. Die Kolbinger Höhle liegt circa drei Kilometer südöstlich von Kolbingen im Walddistrikt „Einschlag". Von Kolbingen ist sie auf bequemen, gut bezeichneten Wanderwegen aus zu erreichen.

Man kann aber auch bis zum Parkplatz im Auto fahren.

Öffnungszeiten:	Mitte März bis Ende Oktober	
	samstags	13.00 – 17.00 Uhr
	sonntags	10.00 – 17.00 Uhr
Eintritt:	Erwachsene	DM 3,00
	Kinder	DM 1,00
Führung:	Dauer: 20 bis 30 Minuten	
Auskünfte:	Andreas Amann, Hölderlinstraße 12, 78600 Kolbingen, Telefon 0 74 63/85 34	

Kartenempfehlung:
1 : 50 000 Topographische Karte L 7918, Spaichingen

25 Höhle am Petersfels

∩

Wer sich im Kreis Engen aufhält und sich für Höhlen, für Geschichte und/oder Archäologie interessiert, sollte nicht versäumen, die Stadt beziehungsweise das Städtische Museum mit seiner kleinen, aber interessanten Sammlung zur Urgeschichte aufzusuchen: Neben interessanten Fundstücken aus Höhlen der Umgebung gibt es nicht weniger sehenswerte Rekonstruktionen von Waffen, Werkzeugen und Klei-

Die Höhle am Petersfels

dungsstücken der eiszeitlichen Menschen sowie einen eigens für das Museum hergestellten Videofilm zu sehen.

Dort sieht man auch das, was den Petersfels eigentlich so interessant macht: kleine, nein winzige, stilisierte Frauengestalten, ein immer wiederkehrendes Motiv, das man „Venus" von Engen genannt hat. Die winzigen Figuren wurden aus fossilem Holz, Gagat genannt, geschnitzt und liegen in verschiedenen Zuständen vor, so daß man gut nachvollziehen kann, wie die Künstler bei ihren Arbeiten vorgingen. Man geht davon aus, daß die „Venus" als Schmuckanhänger oder Amulett gedacht war.

Zum guten Schluß sieht man auch, wie man heute bei Ausgrabungen vorgeht. Wer sich noch erinnert, wie man in den Anfängen der Archäologie sorglos mit dem oft vorschnell als bloßer Abraum beiseite geworfenen Boden umging, muß sich heute eher fragen, ob er die Geduld und die Ausdauer aufbringen könnte, die heute gefragt sind?

Anschließend lohnt nun doch ein Abstecher ins Brudertal, zur **Höhle am Petersfels**, die, wie man nun weiß, eiszeitlichen Jägern als Rastlager diente. Was das heißt, wie sich das Leben damals abspielte, das hat man ja nun im Museum erfahren. Oder vielleicht kann man den Besuch hier sogar auf die Petersfelstage (s. Kapitel „Was gibt es für Familien in Höhlen zu entdecken?") legen?

i

Wie kommt man nach Engen?
Die A 81 Stuttgart – Singen führt unmittelbar an Engen (Ausfahrt Engen – Nr. 39) vorbei.

Öffentliche Verkehrsmittel: mit der S-Bahn von Weinfelden/Konstanz im Halbstundentakt oder mit dem Eilzug aus Richtung Offenburg nach Engen.

Städtisches Museum Engen und Galerie:

Öffnungszeiten:	dienstags bis freitags	14.00 – 17.00 Uhr
	samstags und sonntags	10.00 – 17.00 Uhr
Eintritt:	frei	
Auskünfte:	Museum, Klostergasse 19, 78234 Engen, Telefon 0 77 33/5 02-2, Fax 5 02-57 99	

Wie kommt man ins Brudertal, zur Höhle am Petersfels?
Per Auto fährt man von Engen aus in den Ortsteil Bittelbrunn, dann durch den Ort, nach der Kirche rechts den Berg hinunter,

bis am Ende des Waldes ein für Fahrzeuge gesperrter Weg abgeht. Die Höhle liegt circa 800 Meter weiter auf der linken Seite.

Die Höhle ist jedoch auch zu Fuß über den ausgeschilderten Wanderweg Nr. 6 ab Bahnhof Engen zu erreichen.

Auskünfte: Verkehrsamt Engen, Rathaus, Hauptstraße 11, 78234 Engen, Telefon 0 77 33/5 02-2 02 (freitags nur bis 12.00 Uhr), Fax 5 02-2 99

Kartenempfehlung:
1 : 50 000 Topographische Karte L 8118, Engen

Tip:
Im Museum von Engen gibt es die „Venus“ als Nachbildung auch zu kaufen. Und wer schon in Engen ist, sollte einen Bummel durch die liebevoll restaurierte Altstadt nicht versäumen.

Die **Erdmannshöhle** gilt als die älteste bekannte Tropfsteinhöhle Deutschlands. Schon 1271 wurde sie in einer Chronik erwähnt. Sicher ist in jedem Fall, daß sie seit mehr als 200 Jahren zugänglich ist. Sie wurde nämlich für den Besuch des badischen Markgrafen Friedrich des Gesegneten 1773 hergerichtet. 1899 schließlich erhielt sie elektrische Beleuchtung – lange vor dem Dorf Hasel übrigens.

Fürstengruft in der Erdmannshöhle Hasel

Reiz und Anziehungspunkt der Höhle war und ist ihr Tropfsteinschmuck. Selbst Höhlenfans, die schon etliche Tropfsteinhöhlen besucht haben, finden hier ein paar ganz besondere „Schmankerl", für die es sich auch von weiter her anzureisen lohnt: An erster Stelle sei ihr größter Tropfstein genannt. Er ist 4,4 Meter hoch und wird auf mehr als eine Million Jahre geschätzt! Was natürlich auch längst im Guinness-Buch der Rekorde verzeichnet ist! Ein anderer, vom Boden bis hoch zur Decke gewachsener Stalagmit kann Licht aufnehmen, was anhand einer Taschenlampe auch bewiesen wird, und wieder ein anderer ist hohl, wobei man bis heute nicht weiß, warum das so ist. Viel mehr sei vorerst nicht verraten. Nur soviel noch, daß der Phantasie beim Auffinden der vom Sinter gebileten Figuren kaum Grenzen gesetzt sind.

Was außerdem die Tropfsteinhöhle von Hasel so interessant macht, sind die unzähligen Sagen, die um die Erdmännlein und

Erdweiblein kreisen, die von der Höhle aus die Menschen besuchten, ihnen viel geholfen, aber gelegentlich auch ihren Schabernack mit ihnen getrieben haben sollen. Man erzählt, sie hätten auf den Feldern und beim Vieh geholfen, beim Kinderhüten und beim Spinnen. Nur nachspüren durfte man ihnen nicht. Einmal soll ein Bauer Asche gestreut haben, weil er zu gerne wissen wollte, ob es wirklich wahr sei, daß ihre Füße denen von Gänsen ganz ähnlich seien. Er erfuhr zwar, was er wissen wollte, wurde dafür aber hart, mit Krankheit und Armut, gestraft. Auch beschenken durfte man die Erdmännlein und -weiblein nicht. Weil ein anderes Erdmännlein einem Müller jede Nacht sein Korn gemahlen hatte, wollte sich der dafür mit einem Anzug bedanken. Weil er außerdem dem Männlein beim Anprobieren der neuen Kleider zusah, kam es niemals wieder.

i

Wie kommt man zur Erdmannshöhle?
A 5 / A 98 Ausfahrt Lörrach Nord oder Süd (Nr. 5), über die B 317 bis Schopfheim, die B 518 in Richtung Wehr, ab Ortsanfang Hasel ausgeschildert.

Öffnungszeiten:	1. April bis 31. Mai	
	und 1. September bis 1. November	
	werktags	10.00 – 13.00 Uhr
	samstags und sonntags	ganztägig offen
	1. Juni bis Ende der Sommerferien	
	in Baden-Württemberg	ganztägig offen
Eintritt:	Erwachsene	DM 6,00
	Jugendliche (bis 18 J.)	DM 4,00
	Kinder (6 – 14 J.)	DM 3,00
Führungen:	Bei ganztägiger Öffnung sind die Führungen	
	in der Zeit	9.00 – 12.00 Uhr
	und	13.00 – 17.00 Uhr
	letzte Führung:	11.30 Uhr bzw. 16.30 Uhr
	Dauer: 30 bis 40 Minuten	
Auskünfte:	Gemeindeverwaltung 79686 Hasel,	
	Telefon 0 77 62/93 07	

Kartenempfehlung:
1 : 50 000 Topographische Karte L 8312, Schopfheim

Die **Tschamberhöhle** liegt wie die Erdmannshöhle bei Hasel im Bereich des Dinkelbergs. Woher die Tschamberhöhle ihren Namen hat? Von den verschiedenen Erklärungsversuchen ist keiner schlüssig. Man weiß es einfach nicht. Interessant ist sie jedenfalls dadurch, daß sie eine „aktive" Höhle ist. Das ist eine Höhle, bei der die lösende Tätigkeit des Wassers noch heute vor sich geht, und zwar durch den Höhlenbach, der letztendlich über einen Siphon in den Rhein mündet.

Die Höhle hat keine Tropfsteine und auch keine größeren Hallen. Die Gänge der Höhle sind meist schmal und hoch und an Klüften im Gestein orientiert. Gerade die wirr zerrissenen Gangprofile, die nach jeder Biegung wieder ein anderes Bild bieten, und das Tosen des Höhlenbachs, der sich über zahlreiche Wasserfälle seinen Weg bahnt, aber machen ihren Reiz aus. Und natürlich auch das, daß man, größtenteils auf Holzplanken, direkt über dem tosenden Bach seinen Weg durch die Höhle geht. Zudem ist die Decke so tief, daß man sich teilweise nur gebückt fortbewegen kann. Glanz- und Höhepunkt am Ende jeder Führung ist dann der Blick auf ihren größten Wasserfall, der über eine vier Meter hohe Steilstufe in ein sechs mal sechs Meter großes Becken stürzt.

Wie kommt man zur Tschamberhöhle?
A 5 Richtung Rheinfelden. Die Höhle liegt in Karsau-Riedmatt (über A 98 / B 316 / B 34) bei Rheinfelden, direkt am Rhein.

Einkehrmöglichkeit und Parkplatz beim Restaurant-Hotel Storchen in Riedmatt.

Öffnungszeiten:	1. April bis 31. Oktober	
	sonn- und feiertags	13.00 – 17.00 Uhr
Eintritt:	Erwachsene	DM 3,00
	Jugendliche (6 – 16 J.)	DM 2,00
Führung:	Dauer: circa 40 Minuten	
Auskünfte:	beim 1. Höhlenwart, Manfred Stach, Wehrstraße 1 a, 79618 Rheinfelden, Telefon 0 76 23/6 38 83	

Kartenempfehlung:
1 : 50 000 Topographische Karte L 8512, Bad Säckingen

Schaubergwerke (⚒)

⚒ Kleine Geschichte des Bergbaus

Der Bergbau in Deutschland reicht in seinen Anfängen – und hier besteht auch eine Verbindung zum ersten Teil des Bandes – bis in die Jungsteinzeit zurück. Allerdings wurde so früh nur Feuerstein gesucht. Zum Abbau wurde Werkzeug aus Hirschgeweihen oder Feuerstein benutzt.

In Eurpoa waren die Kelten die ersten, die wußten, wie man aus Eisenerz Eisen schmelzen und daraus viele praktische, haltbare Gegenstände herstellen kann. In der Hallstatt oder älteren Eisenzeit (circa 750 bis 450 vor Christus) gab es die ersten „Rennfeueröfen", in denen das im Tagebau gewonnene Eisen zum „Rinnen", das meint Schmelzen gebracht wurde. In der Latène, der jüngeren Eisenzeit (etwa 5. bis 1. Jahrhundert vor Christus) waren Pflugscharen, Schwerter und Äxte aus Eisen für die Menschen schon längst zur Gewohnheit geworden. Römer und Germanen hatten es von den Kelten abgeschaut. Die Alemannen lernten von den Römern und den Germanen.

Im Mittelalter (9. bis 14. Jahrhundert) legte man Burgen bewußt am Austritt von Erzlagerstätten an. So waren die Vorkommen sicher und im Ernstfall gut zu verteidigen. Bei größeren Erzvorkommen entstanden unterhalb der Burg Dörfer, denn rund um den Bergbau brauchte man ja auch viele andere Berufe: Bauern, Fuhrleute, Handwerker, Holzhauer und Köhler.

Im 15. Und 16. Jahrhundert schließlich schufen deutsche Bergleute die technischen Möglichkeiten, die heute die Voraussetzung dafür sind, um in größeren Tiefen abbauen zu können.

Seit dem 20. Jahrhundert, insbesondere seit dem Zweiten Weltkrieg, hat eine zunehmende und rasante Automatisierung die früher mühselige Hand- und Knochenarbeit abgelöst. Tagebau kam im Südwesten Deutschlands, auf den sich der vorliegende Band ja beschränkt, nur in den Anfängendes Bergbaus vor: in der Gegend um Nattheim. Alle anderen Bodenschätze wurden (oder werden) in Bergwerken gefördert: Eisenerze in Aalen, Salz bei Bad Friedrichshall, Silber und Flußspat im Schwarzwald. Die meisten arbeiten mittlerweile nicht mehr, sind zu sogenannten Besucher- oder Schaubergwerken geworden.

Doch gerade dieser so ganz anderen, in sich geschlossenen, vorindustriellen Arbeit des Bergmanns haftet ein Hauch von Abenteuer an, der zu einem guten Teil die Beliebtheit erklärt, die die Schau- oder Besucherbergwerke umgibt.

Bergleute haben unter den Arbeitnehmern seit je eine Sonderstellung innegehabt. Am deutlichsten zeigt sich das darin, daß sie sich bereits im 13. Jahrhundert zu sogenannten Knappenschaften zusammenschlossen, die ihre Mitglieder bei Unfall und Krankheit unterstützten. Daneben entwickelte sich eine abgeschlossene Bergmannskultur, die immer auch religiös fundiert war. So gilt ihre besondere Verehrung speziellen Heiligen: allen voran der Heiligen Barbara, aber auch der Heiligen Anna und dem Heiligen Daniel. Zu den festen Einrichtungen zählten auch „Bergmusiken“ und „Bergsänger“. Aus der Arbeitskleidung des Bergmanns heraus entwickelte sich im 18. Jahrhundert die Bergmannstracht, die an Sonn- und Feiertagen getragen wurde. Sie zeigte einen unverkennbaren Uniformcharakter, auch die verschiedenen Rangstufen der Träger konnten an ihr abgelesen werden. Dazu trug auch die Bergmütze bei, der Tschako, an der „Schlägel“ (das heißt Hammer) und „Eisen“ (das ist der Meisel), die ja zum Symbol des Bergbaus schlechthin wurden, als Abzeichen prangen.

Zwei Dinge, die über den engen Berufsstand hinaus Einfluß auf die Allgemeinheit hatten, sind die Berufssprache des Bergmanns, die zum Teil in die Gemeinsprache übernommen wurde, und der reiche Schatz an Sagen, der sein Entstehen wohl zu einem großen Teil der Angst und der Gefährdung der Bergleute unter Tage verdankt.

⚒ Bergbau? – Was ist das?

Im folgenden also geht es um Bergbau. Doch was ist das? Aus dem Wort selbst geht das nicht ohne weiteres hervor. Ein paar Sätze dazu sind deshalb sicher nicht verkehrt.

Bergbau, damit wird sowohl das Suchen, Fördern (oder Abbauen), aber auch das Aufbereiten, also das Verarbeiten von Bodenschätzen bezeichnet.

Bodenschätze umfaßt nicht weniger an Bedeutung. Bodenschätze, das sind die unterschiedlichsten Sachen. Das können Erdöl, Erdgas oder Kohle sein, das können allerlei Erze sein, genauso aber auch alle Arten von Salzen und Tonen; Schiefer, Quarz, Sande und Torf oder Edelmetalle wie Silber. Nicht alles kommt natürlich überall vor. Was wo vorkommt, ist im wahrsten Sinne des Wortes eine lange Geschichte. Die Lagerstätten, wie man das Vorkommen von Bodenschätzen nennt, haben sich in den unterschiedlichen Klimaten und Gesteinsvorkommen durch die Jahrtausende vergangener Erdepochen hinweg gebildet.

Lagerstätten an der Erdoberfläche oder in geringer Tiefe darunter werden im *Tagebau* ausgebeutet, wobei die oberen Erdschichten durch Bagger beiseite geschafft werden.

Lagerstätten, die unter mächtigen Erdschichten liegen, werden im sogenannten Untertagebau, dem *Bergwerk*, abgebaut.

Im Bergwerk erschließt man die Vorkommen an Bodenschätzen unterirdisch durch Stollen und Schächte, die es in eine Anzahl Abschnitte unterteilen, die nacheinander abgebaut werden.

Die in nicht standfestem Gestein befindlichen Abbaustellen müssen durch Abstützen am Zusammenbrechen gehindert werden. Die Abpumpung des in die Gruben eindringenden Wassers, sowohl des Grundwassers als auch des Regenwassers, versteht man unter dem Begriff Wasserhaltung. Wetterführung meint dagegen die Versorgung der Gruben mit frischer Luft ebenso wie auch das Ableiten schädlicher Gase durch einen natürlich oder auch künstlich erzeugten Luftzug.

Über Fördereinrichtungen, das heißt Förderbänder, Grubenbahnen oder andere Transportfahrzeuge werden die gewonnenen Bödenschätze letztlich hinauf oder wie man sagt, nach „über Tage“ transportiert, um dort weiterverarbeitet zu werden.

Warum Bergwerke spannende Ausflugsziele sind

Der Schatz im Berg, der spukt durch viele Sagen und Märchen... Zwerge, Erdmännchen, oder wie sie auch immer heißen mögen, sind unablässig und fleißig dabei, den Bergen ihre unterirdischen Schätze zu entreißen. Was der Volksmund erzählt, enthält, wie meist, einen Kern Wahres. Die Berge enthalten tatsächlich viele ganz verschiedene Schätze für den Menschen: Silber, Eisen, allerlei Mineralien oder auch „nur" Salz, das aber für den Menschen lebenswichtig ist und deshalb aus gutem Grund auch als „weißes Gold" bezeichnet wird. Wo sich Dichtung und Wahrheit unterscheiden? Das ist schnell gesagt. Ganz einfach in der Mühe, die es kostet, an diese Schätze heranzukommen. Die Wichtel gibt's nur in der Phantasie, im wirklichen Leben war der Bergbau mit Mühe und Gefahren verbunden. Und ein bißchen spürt man dies noch heute beim Gang durch die Stollen und wenn einem bewußt wird, wie viele Tonnen Gestein man plötzlich über sich hat. Aber ein ganz kleines bißchen Gruseln vor der fremden und ungewohnten Umgebung macht ja eigentlich erst den Reiz einer solchen Unternehmung aus!

Was man beim Besuch der Bergwerke noch erfährt? Ganz intensiv erlebt man, wie sich die Arbeitswelt im Laufe der Jahre verändert hat. Um nur ein paar Beispiele zu nennen: Da ist zuerst einmal die wichtigste Arbeit des Bergmanns, das Roherz abzuschlagen. Früher arbeitete er mit Hammer und Schlägel. Dann erleichterten erste Sprengversuche die Arbeit. Heute sind allerlei Maschinen am Werk. Erz wurde per Menschenkraft vom Abbau unter Tage ans Licht gebracht, später manchmal, wie in Aalen, mit Pferdefuhrwerken, ehe es die Grubenbahn gab, mit der heute Besucher, ebenfalls in Aalen, in den Berg einfahren. Bergleute brauchen ja auch Licht für ihre Arbeit. Bis Mitte des 18. Jahrhunderts hatten sie dazu nur Talglicher, dann kamen mit Rübenöl betriebene Leuchten auf, die aber bald von Karbidlampen abgelöst wurden. Und heute? Da sind es natürlich elektrische Lampen, die mit Akkus betrieben werden. Langer Rede kurzer Sinn, in einem Besucherbergwerk gibt es meist auch eine museale Abteilung. Was man dort sieht und erfährt, auch das kann ganz schön interessant sein.

Bergwerksfeste sind wir Höhlenfeste Tage, die mehr als andere einen guten Grund für den vielleicht sowieso längst geplanten Ausflug abgeben. Neben den üblichen Führungen gibt es dann nämlich zusätzliche Attraktionen und Vorführungen, vielleicht wird einmal altes und neues Gerät in Betrieb genommen und gezeigt, wie es verwendet wird. Oft gibt es auch sogenannte Mitmach-Aktionen – meist für die ganze Familie. Die Grube „Anna-Elisabeth" in Schriesheim und die Grube „Tiefer Stollen" in Aalen veranstalten zum Beispiel solche

Feste. Am besten man erkundigt sich frühzeitig im Jahr danach. Es wäre doch schade, eines davon ganz knapp zu verpassen...

Ein anderer Grund, Besucherbergwerke zu besuchen, klingt vielleicht recht banal, ist aber auch nicht zu vernachlässigen: Ein Besuch im Bergwerk ist für einen Ausflung in und mit der Familie immer gut geeignet. Besucherbergwerke sind (meistens jedenfalls) gut und bequem zu gehen, befriedigen Abenteuer und Neugierde und sorgen für genug Gesprächsstoff, weil es so vieles zu erklären oder einfach nochmals durchzusprechen gibt. Große Vorbereitungen, abgesehen vom Aussuchen, ist dabei nicht erforderlich, auf den Führungen wird alles ganz anschaulich erklärt. Zudem macht es ganz einfach Spaß, gemeinsam etwas zu unternehmen, worauf alle Lust haben. Und es ist Anlaß für weitere Erlebnisse, die sich mit dem Ausflug gleich noch verbinden lassen. Was das alles sein kann, dafür erhält man in diesem Buch jeweils unter dem Stichwort „Tip“ weitere Ratschläge.

Mit der Grubenbahn unterwegs

Familien unterwegs. Ziele mit Infoteil

Bergwerke gibt es, das versteht sich von selbst, deutlich weniger als Höhlen, vor allem hier im Südwesten. Deshalb sind hier fast alle als Besucherbergwerke der Allgemeinheit zugänglichen aufgeführt. Alle haben ihren eigenen Reiz, alle lassen sich gut in einen Ausflug mit der Familie einbinden. Eine eigene Ausrüstung ist nicht erforderlich, ein Helm, meist auch ein Umhang, werden überall gestellt. Nur an einen Pullover und gutes Schuhwerk sollte man trotzdem denken.

Mit der Familie auf Tour

1 Bohnerzgruben bei Nattheim

Mit Bohnerz fing der Bergbau an – zumindest stark vereinfacht läßt sich die Geschichte des Bergbaus auf diesen Nenner bringen. Nach Bohnerz gruben schon die Kelten.

Die bei Nattheim abgebauten Bohnerze entstanden vor circa 60 Millionen Jahren in einem ganz anderen Klima, unter tropischen/subtropischen Bedingungen. Bohnerz heißt so, weil es in Sedimenten (Ablagerungen) vorkommt, die wie viele kleine Blasen oder zum Teil auch wie Bohnen aussehen. Sein Eisengehalt ist relativ hoch, rund 40 Prozent. Trotzdem mußte das Eisenerz von den anderen Bestandteilen des Sediments getrennt werden. Dies geschah in den sogenannten Rennöfen: Öfen, in denen das Eisen zum „Rennen" gebracht wurde, was so viel wie zum Rinnen bringen, verflüssigen, heißt. Für diese Öfen brauchte man natürlich auch viel Kohle zum Befeuern und deshalb erfährt man auf den Rundwanderungen rund um Nattheim auch gleich viel Interessantes in bezug auf ein anderes altes Waldgewerbe: die Köhlerei.

Bis 1892 wurde in den Wäldern rund um Nattheim im Tagebau nach Bohnerz gegraben. Die zahlreichen trichterförmigen **Bohnerzgruben** haben sich im Laufe der Zeit meist mit Wasser gefüllt. Zu sehen gibt es von ihnen also nicht mehr viel. Als Seen sind sie dagegen von großem landschaftlichem Reiz und bieten zudem manchen, inzwischen oft selten gewordenen Tieren und Pflanzen einen wichtigen Lebensraum.

Die Ortsgruppe Nattheim des Schwäbischen Albvereins hat anläßlich ihres hundertjährigen Bestehens 1993 die Zeugnisse des Bohnerzabbaus und der Köhlerei in einem neuen Wegenetz, dem Jubiläumswanderweg, zugänglich gemacht. Der ganze Jubiläumswanderweg führt in 21 Kilometern rund um Nattheim. In ihn integriert sind vier kleinere Rundwanderungen von jeweils einer bis eineinhalb Stunden Wanderzeit und einer Länge von fünf bis acht Kilometern.

Für unser Thema gut geeignet, ist zum Beispiel der *braun markierte*, fünf Kilometer lange *Rundweg*, der wohl am besten über den Bohnerzabbau und die Holzkohlenherstellung informiert. Ausgangspunkt ist der Parkplatz Schmaleich.

Wer die dafür notwendige Zeit mitbringt, kann zudem auf dem mit *orange markierten*, sieben Kilometer langen *Weg* eine Höhle besuchen, die *Ramensteinhöhle*, an der dieser Wanderweg direkt vorbeiführt. Ausgangspunkt für diese Wanderung ist ein anderer Parkplatz. Am besten parkt man am Sportplatz „Im Tal".

Für diesen Ausflug ein wirkliches Muß ist der Besuch im Torbogenmuseum in Kirchheim. Ohne den hat man nur die Hälfte verstanden und nur den halben Spaß. Zudem erfährt man einiges von den Lebensumständen der Bergleute.

Wie kommt man zu den Bohnerzgruben bei Nattheim?
A 7 Richtung Heidenheim, Ausfahrt Heidenheim (Nr. 116), Nattheim liegt östlich von Heidenheim an der B 466.

Öffnungszeiten:	Die ehemaliegen Gruben sind frei zugänglich.
Auskünfte:	Bürgermeisteramt Nattheim, Postfach 11 52, 89562 Nattheim, Telefon 0 73 21/97 84-0, Fax 97 84-32

Kartenempfehlung:
1 : 50 000 Topographische Karte L 7326, Heidenheim an der Brenz

Torbogenmuseum in Königsbronn:
Wie kommt man hin?
Das Torbogenmuseum findet man in Königsbronn, an der B 19, nördlich von Heidenheim. Von der Hauptstraße in Königsbronn über den Bahnübergang, dann die erste Straße rechts, dann links und schon ist man am Torbogen.

Öffnungszeiten:	April bis Oktober	
	sonn- und feiertags	11.00 – 17.00 Uhr
	sonst nach Vereinbarung (für Gruppen)	
Eintritt:	Erwachsene	DM 3,00
	Kinder (ab 10 J.)	DM 1,00
	jeder 10. Besucher (einer Gruppe)	frei
Auskünfte:	Museum im Torbogen, Paul-Reusch-Straße, Telefon 0 73 28/45 10	

Tip:
Auch Veringenstadt (s. Höhlen-Teil, Kapitel 22) hat einen interessanten Lehrpfad zum Thema Bohnerz.

2 „Tiefer Stollen“, Aalen-Wasseralfingen

Kinder vor allem kommen gern in die einst königlich württembergische Erzgrube „Wilhelm“ im Braunenberg, die mitten im Stadtgebiet von Aalen liegt. Allein schon die Einfahrt mit der Grubenbahn wäre spannend genug für den Ausflug, aber auch die knapp 2 500 Quadratmeter großen Sandsteinhallen lassen nicht wenig staunen. Sie sind heute als Museum, unter anderem für die Abbaugeräte im Bergbau, eingerichtet. Eine Multivisionsschau gibt es außerdem noch, ehe es zu Fuß weiter auf die Reise unter Tage geht. Geführt dringt man weiter in das Stollenlabyrinth vor und erfährt in verschiedenen Stationen, was es mit der Arbeit der Bergmänner auf sich hat. Mehr noch, in einem letzten Bereich lernt man sogar, wie das mit dem Erz weiterging, wie es verarbeitet und was daraus hergestellt wurde: Öfen und Ofenplatten, Maschinenteile, Eisenbahnschienen, Räder, Brückengeländer, aber auch Kerzenständer und sogar Kunstwerke.

Was aus Eisen so alles wird

Und zum guten Schluß setzt man sich für die Ausfahrt nach 90 erlebnisreichen Minuten noch einmal in die Grubenbahn.

Ausfahrt aus dem Stollen

Hier auf der Ostalb kam es zu zwei Formen der Eisenerzanreicherung. Die eine davon war das oben (im Schaubergwerk-Teil, Kapitel 1) erwähnte, im Tagebau gegrabene Bohnerz. Im Raum Aalen dagegen kam das Eisenerz als Eisensandstein vor und wurde im Bergbau gefördert, wie man das Abbauen in der Sprache des Bergmanns nennt. Die Förderung erfolgte nachweislich seit 1365, was durch die Verleihung der Bergbaurechte an die Grafen von Helfenstein belegt ist, und endete 1948 mit der Schließung der letzten Aalener Eisenerzgrube. Der **„Tiefe Stollen"**, nach dem das 1987 behindertengerecht ausgebaute Besucherbergwerk seinen Namen hat, wurde 1840/41 angelegt. Gleichzeitig mit dem „Tiefen Stollen" wurde 17 Meter höher der Stollen „Tagstrecke Nr. 1" in den Berg getrieben, der sich als der ergiebigste im ganzen Bergbaugebiet erweisen sollte. Letzter Hauptstollen war der 1924 fertiggestellte, „Süßes Löchle" genannte, von dem aus das Erz mittels einer Seilschwebebahn zum Hüttenwerk transportiert wurde.

Wie kommt man zum „Tiefen Stollen"?
Mit dem Auto: nach Aalen, dann ist der Weg ausgeschildert.

Per Bahn: Vom Bahnhof Aalen oder Wasseralfingen mit Linienbussen.

Öffnungszeiten:	April bis Oktober	
	dienstags bis sonntags	9.00 – 12.00 Uhr
	und	13.00 – 16.00 Uhr
	letzte Einfahrt	16.00 Uhr
	montags Ruhetag (an Feiertagen geöffnet)	
Führung:	Dauer: rund 90 Minuten	
Eintritt:	Erwachsene	DM 9,00
	Kinder (4 – 16 J.)	DM 6,00
	Familienkarte	
	(2 Erwachsene + 3 Kinder)	DM 28,00
	jedes weitere Kind	DM 5,00

Auskünfte: Besucherbergwerk „Tiefer Stollen", Erzhäusle 1, 73433 Aalen-Wasseralfingen, Telefon 0 73 61/97 02 49, Fax 97 02 59,

oder: Fremdenverkehrsamt, Marktplatz 2, 73430 Aalen, Telefon 0 73 61/52-23 58, Fax 52-19 07

Kartenempfehlung:
1 : 50 000 Topographische Karte L 7126, Aalen

Tips:
Der Bergbaupfad erschließt auf einer 2,5 Kilometer langen Wanderung vom Besucherbergwerk aus alle wichtigen Stationen der Eisenerzgewinnung am Braunenberg und bietet sich als lohnende Ergänzung zum Besuch des Bergwerks an.

Die Höhlen haben ihre Höhlenfeste, die Bergwerke ihre Bergwerkstage. Hier in Aalen sind das die *Aalener Bergwerkstage*: Ein ganzes Wochenende lang gibt es tolle Mitmach-Aktionen für die ganze Familie und Vorführungen rund ums Besucherbergwerk. Informationen darüber erhält man jeweils vorab im Besucherbergwerk.

Der Besuch im Salzbergwerk hat Familien einiges zu bieten. Da ist zunächst einmal die Rutsche, die mit ihren 42 Metern Länge auf einem Höhenunterschied von 11 Metern allen als erzählenswert im Gedächtnis bleiben wird. Da ist aber auch der Rundgang selbst, vorbei an einem Saurier in Lebensgröße und an der Kristall-Sammelstelle, wo man sich Salzkristalle aussuchen und als Erinnerung an den Ausflug mit nach Hause nehmen kann. Der Rundgang ist aber nicht nur abwechslungsreich und interessant, sondern auch auf sauberen, trockenen Wegen bequem zu gehen, wobei unabhängig von den außen herrschenden Temperaturen unten konstante, angenehme 18 bis 20 Grad Celsius herrschen.

Wie ist das Salz überhaupt in die Erde gekommen? Natürlich erfährt man das ausführlich vor Ort. Deshalb sei hier nur soviel verraten, daß vor etwa 200 Millionen Jahren ganz Deutschland ein einziger riesiger und abflußloser Salzsee war. – Menschen gibt es in unserer Region erst seit einer halben Million Jahre. – Und wie man es heute noch während eines Urlaubs in den Mittelmeerländern beobachten kann, verdunstete in dem damaligen tropisch warmen und trockenen Klima das Wasser, das Salz kristallisierte aus. Andere Schichten deckten sich darüber und verhinderten, daß sich das Salz später, in den erneut feuchteren Perioden wieder auflösen konnte. Deshalb muß man heute so tief hinunter, um an das Salz zu gelangen, das, weil es für den Menschen so wichtig und wertvoll ist, auch als „weißes Gold“ bezeichnet wird.

230 Meter tief liegt die 40 Meter dicke Salzschicht unter der Erde. Frischluft wird von oben zugeführt. Drei Millionen Tonnen Steinsalz werden jedes Jahr hier abgebaut. Nicht allein fürs Frühstücksei natürlich! Speisesalz ist nämlich nur eine der vielen Möglichkeiten, das abgebaute Salz zu verwenden. Je nach Verarbeitungs- und Reinheitsgrad wird es auch als Streusalz, gegen vereiste Straßen zum Beispiel, oder als Gewerbesalz, dann zur Wasserenthärtung zum Beispiel in Gerbereien oder sogar als Industriesalz bei der Kunststoffherstellung verwendet. Bei so vielfältiger Nutzung, so hohem Verbrauch und so großem Abbau, da kann eine Frage natürlich nicht ausbleiben: Wie lange wird das Vorkommen denn noch reichen? Im Moment schätzt man noch 60 bis 80 Jahre! Das ist eine scheinbar lange, dennoch schon sehr absehbare Zeit...

Wie kommt man zum Salzbergwerk Bad Friedrichshall?
A 81 Autobahnkreuz Weinsberg, A 6 Ausfahrt Heilbronn/ Neckarsulm (Nr. 37), B 27 bis Bad Friedrichshall.

Per Bahn bis Bad Friedrichshall-Kochendorf.

Auch die Bootsanlegestelle befindet sich in unmittelbarer Nähe des Besucherbergwerks, so daß man die Anreise auch einmal auf dem Wasser planen kann.

Öffnungszeiten:	Mai bis Oktober	
	samstags, sonn- und feiertags	9.30 – 16.00 Uhr
	mittwochs	14.00 – 16.00 Uhr
Eintritt:	Erwachsene	DM 12,00
	Kinder (6 – 18 J.)	DM 7,00
	Gruppen ab 20 Personen je	DM 10,00
Führung:	Führungen finden nur auf Anfrage und nach Voranmeldung statt.	
	Preis:	DM 120,00
Auskünfte:	Südwestdeutsche Salzwerke AG/Besucherbergwerk Bad Friedrichshall, Postfach 31 61, 74021 Heilbronn, Telefon 0 71 36/2 71-3 03, Bandinfo Telefon 0 71 31/9 59-3 83, Fax 0 71 31/9 59-3 85	

Kartenempfehlung:
1 : 50 000 Topographische Karte L 6720, Mosbach

Tip:
Unmittelbar gegenüber von Bad Friedrichshall liegt die Stauferstadt *Bad Wimpfen*, die, schon weil sie von weitem mit ihren Türmen und Mauern ein prächtiges Bild abgibt, sich als weitere Station im Rahmen eines Ausflugs anbietet.

Die Grube „Anna Elisabeth" ist ein rund 500 Jahre altes Bergwerk, in dem im 15. und 16. Jahrhundert zuerst Silber, dann bis ins 18. Jahrhundert Eisenvitriol abgebaut und verarbeitet wurde. Eine Besonderheit ist, daß auch die Außenanlagen aus dem 18. Jahrhundert noch erhalten sind. 1985 begann der Ausbau zum Besucherbergwerk, als das es seit 1988 zugänglich ist.

Fahrt mit der Grubenbahn

Eine Führung dauert 45 Minuten und ist für Kinder ab dem Vorschulalter geeignet, weil besonderer Wert auf kindgerechtes Erklären der doch ganz fremden Arbeitswelt gelegt wird. Spaß macht Kindern auch schon vorab das Anlegen der Schutzumhänge. Unter dem Titel „Glück auf, Kinder" gibt es für Kinder zudem ein kleines Heft. Anschaulich wird vieles rund ums Bergwerk erklärt und wer die Bildchen dazu bunt ausmalt, kann sich alles noch viel besser merken.

Wie kommt man zur Grube „Anna Elisabeth"?
A 5, Heidelberg Richtung Darmstadt, Ausfahrt Ladenburg (Nr. 35).

Die Grube liegt in Schriesheim, nördlich von Heidelberg, direkt an der Talstraße, Haus 157.

Alle Besucher werden gebeten, möglichst im Bereich des Festplatzes von Schriesheim zu parken. Die Grube ist von dort in zehn Minuten zu Fuß zu erreichen oder auch per Bus. Ausstieg direkt am Bergwerk, Haltestelle „Edelstein".

Öffnungszeiten:	April bis Oktober	
	sonntags	11.00 – 17.00 Uhr
	letzter Einlaß	16.00 Uhr
Eintritt:	Erwachsene	DM 6,00
	Kinder (4 – 14 J.)	DM 4,00
Führung:	Dauer: 45 Minuten	
Auskünfte:	Besucherbergwerk Grube „Anna Elisabeth", Talstraße 157, 69198 Schriesheim, Telefon 0 62 03/6 81 67 (auch wegen Sonderführungen)	

Kartenempfehlung:
1 : 50 000 Topographische Karte L 6518, Heilbronn-Nord

Tip:
Jedes Jahr, am ersten Wochenende im Juli, findet in der Grube „Anna Elisabeth" ein *Bergwerksfest* statt. (Parkmöglichkeiten im Bereich des Festplatzes bestehen)

Ein Besuch der Grube läßt sich gut mit einem Abstecher zur nahen *Strahlenburg*, einer Burgruine direkt in Schriesheim, oder mit einem Besuch von *Heidelberg* verbinden.

Auch die Neuenbürger Grube „Frisch Glück" ist eines der alten Eisenerz-Bergwerke. Schon die Kelten und später die Römer haben hier nach Erz gegraben und Eisen daraus geschmolzen. Und noch bis ins letzte Jahrhundert dauerte der Abbau an. Das Erz enthielt rund 50 Prozent Eisen und war besonders zur Stahlherstellung geeignet. Einem letzten Versuch, die Gruben zu Beginn des 20. Jahrhunderts

Unterwegs im Berg

neu zu befahren, verdankt das heutige Besucher-Bergwerk seinen Namen. Mit „Frisch Glück" suchten neue Besitzer ihr Glück, fanden es aber nicht.

Der Rundgang führt über drei Sohlen zu vielen interessanten Stellen. Abgebaut wurde ein Eisenerz, in dem Schwerspat und Brauneisenstein den Großteil ausmachten. Brauneisenstein kommt gerade hier oft als ein glatter, schwarz glänzender Stein vor, der „Glaskopf" oder auch „Glasköpfle" genannt wird.

Im Stollen herrschen konstante plus acht Grad Celsius. Einen Pullover mitzunehmen empfiehlt sich deshalb vor allem im Sommer. Feste Schuhe sollten ebenfalls sein. Ein Schutzhelm und ein gelber Regenumhang werden gestellt.

i

Wie kommt man zur Grube „Frisch Glück"?
Von Stuttgart aus über die A 8, Ausfahrt Pforzheim-West (Nr. 43). B 10 / B 294 nach Neuenbürg. Das Bergwerk liegt an der Straße von Neuenbürg nach Waldrennach bzw. Schömberg. Vom Parkplatz aus sind noch ca. 150 Meter zum Stolleneingang zu gehen.

Neuenbürg hat zwei Bahnhöfe, den Hauptbahnhof und den Südbahnhof. Die Entfernung zum Stollen ist in etwa gleich. In ca. 45 Minuten erreicht man ihn zu Fuß.

Öffnungszeiten:	April bis Oktober samstags, sonn- und feiertags 10.00 – 17.45 Uhr Für Gruppen nach Voranmeldung auch mittwochs bis freitags geöffnet. Das Bergwerk ist nur mit Führung zu besichtigen. Die letzte Führung beginnt um 17.00 Uhr.	
Eintritt:	Erwachsene	DM 6,00
	Kinder, Schüler	DM 4,00
	Gruppen ab 10 Personen je	DM 5,00
Führung:	Dauer: rund 45 Minuten	
Auskünfte:	Infos und Anmeldung: Stadtverwaltung, Postfach 12 62, 75302 Neuenbürg, Telefon 0 70 82/79 10-0, Fax 79 10-65	

Kartenempfehlung:
1 : 50 000 Topographische Karte L 7116, Karlsruhe-Süd

Tips:
Neuenbürger „Glasköpfle“, Fundstücke aus der Halde, werden von einem Neuenbürger Juwelier zu Schmuck-Unikaten (mit Preisen von DM 50 bis DM 200) verarbeitet.

Eine umfangreiche Sammlung von Mineralien und historischen Bergbauwerkzeugen des Schwarzwaldes, insbesondere aus dem Neuenbürger Eisenerzrevier, zeigt das Pforzheimer *Mineralienmuseum.* In zwölf Räumen und 86 Vitrinen ist eine der reichhaltigsten Mineraliensammlungen Süddeutschlands ausgestellt.

Um Neuenbürg gibt es viele markierte Wanderwege. Einer, der *„Frisch-Glück-Pfad“*, führt in drei Kilometern vom Bergwerk zum Schloß des hübschen Städtchens, das man nicht auslassen sollte und auf einem anschließenden Rundgang erkunden und für eine Einkehr nutzen kann.

Mineralien-Museum, Pforzheim-Dillweißenstein:
Wie kommt man hin?
Das Mineralienmuseum ist im Alten Rathaus von Dillweißenstein, einem Stadtteil von Pforzheim. Regelmäßige Busverbindungen von Pforzheim aus mit der Bus-Linie 3.

Öffnungszeiten:	sonntags	10.00 – 13.00 Uhr
Eintritt:	frei	
Auskünfte:	Museum, Hirsauer Straße 224, Telefon 0 72 31/39 13 91, oder: Stadtinformation, Marktplatz 1, 75175 Pforzheim, Telefon 0 72 32/1 45 45 60	

6 „Hella Glück", Neubulach

Mit dem Bergbau wurde rund um das heutige Neubulach schon begonnen, als man noch dabei war, den Schwarzwald vollends zu besiedeln. Um 1220 wurde durch die Staufer die erste Stadt auf der Gemarkung des heutigen Neubulach gegründet. Abgebaut wurden Kupfer und Silber. Der Silberbergbau hatte seinen ersten großen Aufschwung im 13. Jahrhundert. 1478 gab es vier Gruben. Die größte Ausbeute sowohl an Kupfer als auch an Silber wurde zwischen dem 13. und dem 15. Jahrhundert erzielt. Später jedoch muß man als Abbauergebnis in den Chroniken immer öfter die Worte „ohne großen Erfolg" lesen. In der Zeit vor und nach dem Zweiten Weltkrieg rückte Neubulachs Bergbau durch seine früher achtlos auf die Halde geschütteten Wismuterze noch einmal in den Blickpunkt des Interesses. Heute sind die Halden zu einem guten Teil überbaut. Wo das nicht der Fall ist, können gelegentlich noch immer schöne Mineralien wie Malachit und Azurit gefunden werden. Stücke aus den Stollengängen sind übrigens auch in der noch gut erhaltenen Stadtmauer verbaut.

Seit 1970 ist der älteste Stollen in Neubulach, der **„Hella-Glück-Stollen"** als Schaubergwerk erschlossen. Versehen mit Schutzhelm und Regenumhang werden seine Besucher durch die Gangstrecken des alten Silberbergwerks geführt. Im Anschluß daran lohnt ein Gang ins Mineralienmuseum in der Vogtei. Die schönsten Mineralien aus Neubulach sind hier zu sehen. Auch die Bergwerksgeschichte selbst kommt nicht zu kurz, unter anderem in anschaulichen Modellen, aber auch in einer sehenswerten Video-Informationsschau.

i

Wie kommt man zum Stollen „Hella Glück"?
Neubulach liegt im Zentrum dreier Autobahnen, der A 5, der A 8 und der A 81.

Die nächstgelegenen Bahnstationen der Nagold-Talbahn sind der Bahnhof Bad Teinach (vier Kilometer) und Calw (zwölf Kilometer). Zu beiden Bahnhöfen fährt ein Linienbus.

Historisches Silberbergwerk „Hella Glück":

Öffnungszeiten:	April bis 1. November	
	montags bis freitags	10.00 – 12.00 Uhr
	und	13.30 – 16.00 Uhr
	samstags, sonn- und feiertags	10.00 – 17.00 Uhr
Eintritt:	Erwachsene	DM 4,00
	Schüler / Kinder	DM 2,00
	Kombipreis Bergwerk und Mineralienmuseum:	
	Erwachsene	DM 6,00
	Schüler / Kinder	DM 3,00

Führung: Dauer: rund 45 Minuten

Auskünfte: Kurverwaltung Neubulach, Bürgermeisteramt, 75387 Neubulach, unter der Woche Telefon 0 70 53/96 95-10, samstags, sonn- und feiertags Telefon 78 99, Fax 64 16

Schwarzwälder Mineralienmuseum in der Vogtei:

Öffnungszeiten:	April bis November	
	montags bis freitags	10.00 – 12.00 Uhr
	und	14.00 – 16.00 Uhr
	samstags, sonn- und feiertags	10.00 – 12.30 Uhr
	und	13.30 – 17.00 Uhr
Eintritt:	Erwachsene	DM 4,00
	Schüler / Kinder	DM 2,00
	Kombipreis Bergwerk und Mineralienmuseum:	
	Erwachsene	DM 6,00
	Schüler / Kinder	DM 3,00

Auskünfte: s. o. (Historisches Silberbergwerk „Hella Glück“)

Kartenempfehlung:
1 : 50 000 Toporaphische Karte L 7318, Calw

Tips:
Die frühere Waschanlage des Bergwerks am Weg zum Hella-Glück-Stollen wurde zu einem Seerosenweiher umgestaltet. Hier kann man mit etwas Glück vielleicht eine der wenigen frei lebenden, seltenen Sumpfschildkröten entdecken. Wer probiert's?

Einen kleinen Abstecher wert mag manchem auch die *Alte Burg* sein. Einst wurde sie zum Schutz des Silberbergwerks auf der gegenüberliegenden Seite des Tals errichtet. Ein Teil der Vorburg und der Gräben um die runde Befestigungsanlage der vermutlich im 13. Jahrhundert aufgegebenen Burg sind heute noch vorhanden.

7 „Silbergründle", Seebach

Der Erzstollen „Silbergründle" ist bis heute kaum bekannt. Selbst in seiner engen Umgebung war das nicht anders. Was es gab, war eine mündliche Überlieferung, die für sein Vorhandensein sprach, sowie verschiedene Flurnamen, die ebenfalls auf einen Stollen deuteten. Vor rund 20 Jahren wurde er nach Hinweisen eines Seebacher Bürgers, den seine Mutter als Kind vor einem Tümpel mit den Worten

Gut ausgerüstet unterwegs

gewarnt hatte, dort „würden die Leute im Berg verschwinden", tatsächlich aufgespürt und in unzähligen Arbeitsstunden freiwilliger Helfer zugänglich gemacht.

Heute kann man den 167 Meter langen, vor circa 250 Jahren verlassenen, aber in seiner ursprünglichen Art erhaltenen Stollen beim fahlen Licht der Grubenlampen begehen, bergwerksgerecht mit Regenmantel, Gummistiefeln und Schutzhelm.

i

Wie kommt man zum Erzstollen „Silbergründle"?
Das Besucherbergwerk „Silbergründle" liegt im Achertal und ist über die A 5, Ausfahrt Achern (Nr. 53) über Kappelrodeck, dort Richtung Seebach oder über die Schwarzwaldhochstraße, Abfahrt beim Ruhestein, zu erreichen.

Öffnungszeiten:	Grundsätzlich nur nach Anfrage, in der Regel montags nachmittags.	
Eintritt:	Erwachsene	DM 3,00
	Kinder (6 – 12 J.)	DM 2,00
Führung:	Dauer: 30 Minuten Vortrag, dann 30 Minuten Besichtigung (in Gruppen von 10 Personen)	
Auskünfte:	Tourist-Information Seebach, Ruhesteinstraße 21, 77889 Seebach, Telefon 0 78 42/94 83 20, Fax 94 83 99	

Kartenempfehlung:
1 : 50 000 Topograhische Karte L 7514, Oberkirch

Tip:
Seebach liegt mitten in einem der bekanntesten und beliebtesten Gebiete des Schwarzwalds, an Möglichkeiten zu Wanderungen fehlt es nicht. Ein Vorschlag sei dennoch gemacht: die Verlängerung des Ausflugs nach *Ottenhöfen* mit seinen zahlreichen schönen und gut erhaltenen Mühlen, die man auf dem „Mühlenrundweg" (s. auch „Mit Kindern im Nordschwarzwald") der Reihe nach besuchen kann.

8 „Friedrichs Fundgrube", Freudenstadt

Das „jüngste" unter den Schaubergwerken ist erst 1998 wiederentdeckt, 1999 der Öffentlichkeit zugänglich gemacht worden: die „Friedrichs Fundgrube" in Freudenstadt. Herr Eberhard hat den Zugang hinter einer Ziegelwand des alten Luftschutzbunkers unter dem Kienberg entdeckt und zusammen mit Helfern aus dem „Verein der Freunde der Mineralien, Fossilien und des historischen Bergbaus" begehbar gemacht. Da das Bergwerk vor allem vertikal angelegt ist, gilt es etwas Mut zu beweisen und über Leitern hinunter in den Stollen zu stiegen –

Über Leitern steigt man tief hinunter

oder wie es bergmännisch korrekt heißt, ihn über Leitern zu „befahren". Maximal 68 Meter tief geht es hinab: über 7 Leitern mit 4 bis 5 Meter Länge erreicht man den tiefsten für Besucher zugänglichen Punkt. Klar, daß für diese als „Stufe 3" bezeichnete Führung die Kinder schon etwas älter sein müssen. Gerade für die aber dürfte das Klettern „müssen" den Reiz des Ganzen ausmachen. Doch wenn der Mut noch nicht ganz so weit reicht, ist auch das kein Problem. Für die darüberliegende „Stufe 2" gilt es, nur zwei Leitern zu überwinden, um ebenfalls die rund 400 Jahre alten Schlägelspuren, des im Seitenstollen arbeitenden Bergmanns zu sehen und den Blick in den 25 Meter tiefen Schacht werfen zu können. Die Führung „Stufe 1" dagegen verläuft ebenerdig, ist sehr kurz und deshalb nur für recht kleine Kinder wegen des dennoch gestellten Umhangs und dem Helm interessant.

Die „Friedrichs Fundgrube" ist vermutlich sogar älter als Freudenstadt. Man nimmt an, daß die Grube aus dem 16. Jahrhundert stammt, wofür die unten eingeritzte Jahreszahl 1556 spricht. Die Grube war, auch das ist wissenswert, mit dem alten Christophsstollen verbunden, der von Christophstal aus etwa 600 Meter unter dem Kienberg verläuft. Die Stadtgründung Freudenstadts erfolgte 1599 durch Herzog Friedrich I. von Württemberg, um Wohnraum für die Bergleute aus Christophstal und evangelische Glaubensflüchtlinge aus Kärnten, Krain und der Steiermark zu schaffen.

Eigentlich sollte Freudenstadt zugleich auch Residenzstadt werden, nach Plänen seines Baumeisters Heinrich Schickhardt war in der Mitte des zentralen Platzes ein Schloß geplant, das durch den Tod des Herzogs 1608 jedoch nicht zur Ausführung kam. Die Stadt jedoch war da und erlebte durch die Ausbeutung der Stollen, in denen hauptsächlich Schwerspat, in größerer Tiefe jedoch auch Silber gefördert wurde, eine erste wirtschaftliche Blüte. Heute ist sie Kurstadt und Ausgangspunkt für viele reizvolle Wanderungen und Ausflüge im nördlichen Schwarzwald.

Wie kommt man zu „Friedrichs Fundgrube"?

Per Pkw über die A 81 bis Ausfahrt Horb (Nr. 30), über Dornstetten nach Freudenstadt.

Mit der Bahn von Stuttgart nach Eutingen und von dort über die Strecke Hausach – Freudenstadt.

Der Zugang zum Bergwerk befindet sich beim Kurmittelhaus.

Öffnungszeiten:	Ostern bis Oktober freitags, samstags, und sonntags	 13.00 – 17.00 Uhr
	Sonderführungen nach Vereinbarung	

Eintritt:	Erwachsene:		
	Stufe 1:		DM 3,00
	Stufe 2:		DM 3,00
	Stufe 3:		DM 6,00
	Kinder (6 – 14 J.) zahlen jeweils die Hälfte.		
Führung:	Dauer:	Stufe 1:	5 bis 10 Minuten
		Stufe 2:	15 bis 20 Minuten
		Stufe 3:	circa 30 Minuten
Auskünfte:	zu Bürozeiten: Stadtverwaltung, Herr Eberhard, Marktplatz 1, 72250 Freudenstadt, Telefon 0 74 41/89 08 34,		
	oder: Kurverwaltung, Promenadenplatz 1, 72250 Freudenstadt, Telefon 0 74 41/8 64-0		

Kartenempfehlung:
1 : 50 000 Topographische Karte L 7516, Freudenstadt

Tips:
Wer schon in Freudenstadt ist, sollte nicht versäumen, durch die *Altstadt* rund um den oben erwähnten großen Platz, den Marktplatz zu bummeln.

Wer mag, wird zudem in absehbarer Zeit bei Freudenstadt noch ein zweites Besucherbergwerk besichtigen können.

Im nahen Dornstetten-Hallwangen laufen momentan Vorbereitungen, das historische *Erzbergwerk „Himmlisch Heer“* wieder zugänglich zu machen. Belegt ist, daß auch hier bereits 1559 silberhaltige Erze abgebaut wurden. Wegen Wassereinbrüchen wurde die Grube im Laufe der Zeit immer wieder aufgegeben. Unter dem Namen „Irmgardglück“ wurde sie zwischen 1908 und 1912 noch einmal in Betrieb genommen, dieses Mal um Schwerspat abzubauen. Der 1965 gegründete Förderkreis „Historischer Bergbau Hallwangen e. V.“ richtet sie derzeit her und hofft, sie im Jahr 2000 eröffnen zu können. Informationen dazu sind über die erste Vorsitzende des Förderkreises, Frau Erna Märgner (Im Tiergarten 4, 72280 Dornstetten, Telefon 0 74 43/89 31) zu erfragen.

Museumsbergwerk „Schauinsland"

Auf dem viel besuchten „Hausberg" Freiburgs, dem 1 284 Meter hohen Schwarzwaldgipfel „Schauinsland", wurde aus den alten Gruben ein Museumsbergwerk geschaffen, das heute die bergbaugeschichtliche Vergangenheit des Bergs zugänglich macht.

Die dortige 800 Jahre lange Suche nach Silber, Blei und Zink hat sowohl in den kaum mannshohen, noch mühsam von Hand herausgemeißelten Stollen als auch in den riesigen, mit Dynamit heraus gesprengten Hohlräumen des 20. Jahrhunderts ihre Spuren hinterlassen. All das ist vorhanden und auch zu besichtigen. Interesse an Heimat- und Technikgeschichte ist eine der Voraussetzungen, die man mitbringen sollte. Vor allem aber sind hier Abenteuerlust und Pioniergeist gefragt, weshalb man diesen Ausflug am sinnvollsten erst mit größeren Kindern macht.

Für Familien mit Kindern ab 14 Jahren ist die kleine (einstündige) Führung gedacht, bei der die verschiedenen Abbauperioden gezeigt werden. Der Ab- bzw. Aufstieg erfolgt über sechs schräg stehende und solide, zwei bis sechs Meter lange Leitern. Festes Schuhwerk, Wander- oder Gummistiefel, sind daher notwendig. Die Temperatur unten beträgt ganzjährig plus acht Grad Celsius. Warme, strapazierfähige Kleidung, am besten ein Anorak, der auch schmutzig werden kann, wird ebenfalls empfohlen.

Trotzdem – auch mit kleineren Kindern muß man nicht auf einen Gang durchs Bergwerk verzichten. Die rund 30 Minuten dauernde Familienführung erfordert keinen Ab- oder Aufstieg über Leitern, ist mit Straßenkleidung und normalem Schuhwerk gut zu machen. Die Vorführung eines druckluftbetriebenen Bohrhammers und des Wurfschaufelladers läßt auch kleinere Kinder auf ihre Kosten kommen. Dazu kommt die Ausrüstung mit Schutzhelm, Kopflampe und Handschuhen.

Auch eine große Führung gibt es, auf der 7 weitere Leitern insgesamt 50 Meter Höhenunterschied bewältigen helfen. Zur großen Führung, bei der auch Mineralien gesammelt werden können, muß man sich aber längerfristig anmelden.

i

Wie kommt man zum Museumsbergwerk „Schauinsland"?
Zum Schauinsland gelangt man im Auto von Freiburg aus in Richtung Horben (ausgeschildert) bis zum Parkplatz an der L 124, bei der Bergstation der Schauinsland-Seilbahn.

Auch per Bus gelangt man von Freiburg aus bis zur Talstation der Schauinsland-Seilbahn. Und die Auffahrt mit ihr lohnt fast allein schon den Ausflug.

Den Zugang zum Museumsbergwerk erreicht man sowohl vom Gipfelparkplatz als auch von der Bergstation der Seilbahn aus in einem neu angelegten, ausgeschilderten Waldweg in rund fünf Minuten Gehzeit.

Öffnungszeiten:	Mai bis Oktober samstags 11.00 – 17.00 Uhr
Eintritt:	Kombiticket (nur an der Talstation der Schauinslandbahn erhältlich!) für Berg- und Talfahrt sowie Eintritt zur kleinen Führung DM 29,00
Führung:	Familienführung (samstags 11.00 bis 17.00 Uhr): Dauer: 30 Minuten Preis: Erwachsene DM 6,00 Kinder (bis 14 J.) DM 4,00 kleine Führung (samstags 11.00, 13.00 und 15.00 Uhr): Dauer: 60 Minuten Preis: pro Person DM 17,00 große Führung (samstags 11.00 und 15.00 Uhr): Dauer: 2,5 Stunden Preis: pro Person DM 30,00 Gruppenführungen ab 10 Personen finden nach Bedarf statt, Änderungen vorbehalten.
Auskünfte:	Infos und Voranmeldung für Gruppen: Juwelier Steiber, 79098 Freiburg, Telefon 07 61/2 64 68, oder: FWT-Freiburg Wirtschaft und Touristik GmbH & Co.KG, Rotteckring 14, 79015 Freiburg, Telefon 07 61/38 81-8 40, Fax 3 70 03

Kartenempfehlung:
1 : 50 000 Topographische Karte L 8112, Freiburg-Süd

Tips:
Gut mit einem Ausflug zum Schauinsland verbinden läßt sich der Besuch des *Schniederli-Hofs*, einem sehenswerten Schwarzwälder Bauernhof-Museum, des *Berg-Wild-Parks Steinwasen* oder auch ein Stadtbummel durch *Freiburg*.

Schniederli-Hof:

Wie kommt man hin?

Über die Schauinslandstraße L 114 nach Hofsgrund oder über Kirchzarten, Oberried, Steinwasen (L 126).

Öffnungszeiten:	Mai und Juni	
	samstags, sonn- und feiertags	10.00 – 18.00 Uhr
	Juli und August	
	täglich	10.00 – 18.00 Uhr
	September	
	samstags und sonntags	10.00 – 17.30 Uhr
	dienstags und donnerstags	13.30 – 17.30 Uhr
	Oktober	
	samstags, sonn- und feiertags	10.00 – 17.30 Uhr
	dienstags	13.30 – 17.30 Uhr
	Gruppen nach Vereinbarung auch außerhalb der Öffnungszeiten.	
Eintritt:	Erwachsene	DM 4,00
	ermäßigt	DM 3,00
	Kinder	DM 2,00
Führung:	Letzte Führung um 17.00 Uhr.	
Auskünfte:	Bauernhofmuseum, Telefon 0 76 02/4 48,	
	oder: Gemeinde Hofgrund, Telefon 0 76 61/93 05 66	

Berg-Wild-Park Steinwasen (79254 Oberried):

Wie kommt man hin?

Von Freiburg über die L 126 Richtung Todtnau. Der Eingang zum Park liegt vor der Abzweigung nach Hofsgrund.

Öffnungszeiten:	voraussichtlich:	
	Mai bis September	9.00 – 18.00 Uhr
	Oktober bis April	10.00 – 17.00 Uhr
Eintritt:	stand bei Drucklegung noch nicht fest	
Auskünfte:	Genaue Öffnungszeiten und Eintrittspreise bitte bei der Park-Verwaltung, Telefon 0 76 71/9 69 80, erfragen.	

10 „Teufelsgrund", Münstertal

⚒

Der Bergbau im Münstertal geht in seinen Anfängen bis ins 8. Jahrhundert zurück. Doch wurde im Laufe der Jahrhunderte ganz verschiedenes abgebaut. Die erste Periode reicht von den Anfängen bis zum Ende des Dreißigjährigen Krieges. Das war die Zeit des Silberabbaus. Es gab eine befestigte Stadt Münster, in der das hier gewonnene Silber auch gleich aufbereitet und in einer eigenen Münzwerkstätte verarbeitet wurde. Ohne das Silber des Münstertales wäre es den Freiburgern sicher schwer gefallen, ihr gotisches Münster zu errichten. Trotzdem waren es gerade die Freiburger, die den Niedergang der Stadt Münster durch die Errichtung einer eigenen Münze einleiteten, ehe sie die Stadt eroberten und zerstörten.

Zu Beginn des 18. Jahrhunderts wurden einige der alten Gruben wieder geöffnet. Allerdings wurde nun verstärkt Blei abgebaut. Die Genehmigungen zum Abbau, die „Schürfbriefe", erteilte der „Pater Bergdirektor" aus dem nahen Kloster. 1864 endete dieser zweite Abschnitt.

Tapfer geht es in das Dunkel

1942 bis 1958 wurde der Abbau im Münstertal ein letztes Mal in Angriff genommen, nun aber mit dem Ziel, Flußspat (siehe Schaubergewerk-Teil, Kapitel 11) zu fördern.

Seit 1970 sind die Stollen als **Schaubergwerk „Teufelsgrund"** Besuchern zugänglich. Nach ein paar einführenden Dias gibt es für jeden einen Helm. Danach darf man allein, und so lange man mag, auf Entdeckungsreise in den 500 Meter langen Friedrich-Stollen gehen. Am Ende des Gangs, in fast 200 Meter Tiefe, findet sich eine kleine Ausstellung. Sie zeigt Werkzeuge und Geräte, die im Bergbau verwendet, sowie die Mineralien, die hier abgebaut wurden.

Wie kommt man zum Schaubergwerk Teufelsgrund?
A 5 (Karlsruhe – Basel), Ausfahrt Bad Krozingen (Nr. 64), dann über Staufen, Münstertal und Mulden zum Schaubergwerk „Teufelsgrund". – A 81 (Stuttgart – Singen), Ausfahrt Bad Dürrheim (Nr. 37), dann über die B 31 Richtung Titisee, weiter über Feldberg – Todtnau – Notschrei ins Münstertal.

Per Bahn bis Freiburg/Breisgau, dann mit der Münstertalbahn über Bad Krozingen – Staufen nach Münstertal (Bahnstation: Untermünstertal).

Öffnungszeiten:	April bis Oktober	
	dienstags, donnerstags,	
	samstags und sonntags	14.00 – 17.00 Uhr
	Mitte Juni bis Mitte September zusätzlich	
	mittwochs und freitags	14.00 – 17.00 Uhr
	November	
	samstags und sonntags	14.00 – 17.00 Uhr
	(Gruppen ab 20 Personen bitte anmelden)	
Eintritt:	Erwachsene	DM 5,00
	Kinder	DM 2,00
	Gruppen ab 20 Personen je	DM 4,00
Führung:	kurze Einführung, Besichtigung in Eigenregie,	
Auskünfte:	Besuchsbergwerk, Telefon 0 76 36/14 50,	
	oder: Kurverwaltung, 79244 Münstertal/ Schwarzwald, Telefon 0 76 36/7 07-30, Fax 7 07 48	

Kartenempfehlung:
1 : 50 000 Topographische Karte L 8112, Freiburg-Süd

Tips:
Besonders lohnend wird der Ausflug, wenn man genügend Zeit für eine Wanderung eingeplant hat und den Besuch des Schaubergwerks in eine Wanderung auf dem *Geologisch-Bergbaugeschichtlichen Wanderweg Münstertal* einbindet, einem Lehrpfad, der über den erdgeschichtlichen Werdegang der Lagerstätten und den Bergbau im Südschwarzwald informiert. Er besteht aus zwei Teilen: dem fünf Kilometer langen West- und dem zwölf Kilometer langen Ostweg. Der längere Ostweg hat übrigens den Vorteil, daß er geradewegs am Schaubergwerk vorbeigeht. Sinnvoll für beide ist ein Beginn am Bahnhof Münstertal, wo auch genügend Parkplätze zur Verfügung stehen.

Wer allerdings lieber mehr über Bergbau erfahren will, sollte noch etwas weiterfahren, ins nahe Sulzburg. Dort steht das *Landesbergmuseum Baden-Württemberg.* Unter anderem werden Werkzeuge, Lampen und die Nachbildung eines Stollens gezeigt. Wer erst im zweiten Anlauf Lust auf eine Wanderung verspürt, ist hier ebenfalls richtig. Circa 200 Meter westlich vom Marktplatz des hübschen Städtchens Sulzburg beginnt ein fünf Kilometer langer, interessanter, bergbaugeschichtlicher Rundweg.

Wie kommt man nach Sulzburg?
Sulzburg liegt westlich von Münstertal, zwischen Staufen und Müllheim.

Landesbergbaumuseum Baden-Württemberg:

Öffnungszeiten:	montags bis freitags	14.00 – 16.30 Uhr
	samstags, sonn- und feiertags	14.00 – 17.00 Uhr
Eintritt:	Erwachsene	DM 2,00
	ermäßigt	DM 1,50
	Schüler	DM 1,00
	Gruppen ab 20 Personen je	DM 1,50
Auskünfte:	Verkehrsamt, 79295 Sulzburg, Telefon 0 76 34/56 00-40, Fax 56 00-34	

Kartenempfehlung:
1 : 50 000 Topographische Karte L 8112, Freiburg-Süd

In Wieden wurde im Laufe der Jahrhunderte zunächst Silber abgebaut, dann konzentrierte man sich auf Zink- und Bleierze, ehe man ab der Mitte des 19. Jahrhunderts schließlich die Bedeutung von Flußspat entdeckte.

Was ist Flußspat? Anders als Silber oder Eisenerz ist Flußspat sicher nicht ohne weiteres bekannt. Flußspat ist ein hübsch anzusehendes, mehrfarbiges Mineral – mit dem chemischen Namen Kalziumflorit –, das anfangs auf die Halde geworfen oder in abgebaute Stollen als Füllmaterial gebracht wurde. Dann erst entdeckte man, daß Flußspat auch dazu verwendet werden kann, während des Schmelzprozesses die Schlacke schneller flüssig zu machen. Inzwischen ist Flußspat eine wichtige Grundsubstanz in der chemischen Industrie, unter anderem zur Herstellung von Kühlmitteln. Der Bergbau in Wieden wurde jedoch 1972 aus Gründen der Rentabilität eingestellt.

Gut „behütet" in den Finstergrund

Der Rundgang im heutigen Schaubergwerk **„Finstergrund"** führt über eine Strecke von 2,5 Kilometern zu fast ebener Erde auf gut begehbaren und gut ausgeleuchteten Wegen durch den Berg. Kinder finden besonders den Wurfschauffellader gut. Was ebenfalls interessant ist, sind die verschiedensten Steine, die man in den Gängen und Spalten zu sehen bekommt. Ein Helm wird gestellt. Was sich jeder aber selbst mitbringen sollte, ist ein Pullover, denn im Berg herrscht eine konstante Temperatur von plus sechs Grad Celsius und das ist – zumal im Sommer – nicht eben viel.

Wie kommt man zum Schaubergwerk „Finstergrund"?
A 5, Ausfahrt Bad Krozingen (Nr. 64), Staufen – Münstertal – Wieden.

A 81 / A 864, Ausfahrt Bad Dürrheim-Donaueschingen, über Neustadt-Titisee – Feldberg – Todtnau – Utzenfeld – Wieden.

Per Bahn nach Freiburg/Breisgau und weiter per Bus Bad Krozingen – Münstertal – Wieden.

Öffnungszeiten:	Mai bis Oktober mittwochs, samstags, sonn- und feiertags	10.00 – 16.00 Uhr
Eintritt:	Erwachsene	DM 6,00
	Kinder	DM 3,00
	Gruppen je	DM 5,00
Führung:	Dauer: circa 1 Stunde	
Auskünfte:	Kurverwaltung, 79695 Wieden, Telefon 0 76 73/3 03, Fax 85 33, oder: direkt am Besucherbergwerk, Telefon 0 76 73/14 56 und 70 41, Fax 70 41	

Kartenempfehlung:
1 : 50 000 Topographische Karte L 8112, Freiburg-Süd

Anhang: Kleines Lexikon der wichtigsten Begriffe

Höhlenforscher und Bergleute haben ihre eigene Sprache. Manchmal ist gar nicht so einfach zu verstehen, was sie damit meinen. Deshalb sind im folgenden einige der wichtigsten Ausdrücke erklärt.

Im Bereich Höhle (∩):

Befahrung:	In Anlehnung an die Bergmannssprache „befahren" auch Höhlenforscher ihre Höhle, egal ob sie in Wirklichkeit gehen, kriechen oder klettern.
Bröller:	Das sind Höhlen, aus denen gelegentlich unter lautem Getöse Wasser schießt.
Doline:	entsteht an der Erdoberfläche dann, wenn ein Hohlraum einstürzt. Doline ist ein anderes Wort für Erdtrichter oder „Erdfall".
Klüfte:	sind Fugen im festen Gestein. Klüfte, durch die Wasser eindringen kann, sind eine der Vorbedingungen zur Entstehung von Höhlen.
Lampenflora:	Algen, Moose oder Farne, die in Höhlen rund um eine elektrische Lampe wachsen.
Makkaronis:	sind dünne Sinterstäbchen, die (zum Beispiel in der Bärenhöhle, s. Höhlen-Teil, Kapitel 21) zu Tausenden von der Decke hängen.
Schauhöhlen:	sind Höhlen, die man ohne Ausrüstung, gegen Eintrittsgeld, besuchen kann, weil sie durch Treppen, Wege und Beleuchtung zugänglich gemacht sind.
Schluf:	heißt eine Engstelle in einer Höhle.
Speläologie:	ist der wissenschaftliche Name für Höhlenkunde, entstanden aus dem griech. Wort „spelaion" für Höhle oder Grotte.
Stalaktit:	ist ein von oben wachsender Tropfstein.
Stalagmit:	ist ein von unten her wachsender Tropfstein.
Stalagmate:	entstehen, wenn Tropfsteine, von oben und von unten kommend, letztlich zusammenwachsen.
Tropfsteine:	entstehen, wenn gelöster Kalk wieder auskristallisiert.
Versturz:	meint große Felsblöcke im Höhleninnern, die meist von der Decke gefallen sind.
Wilde Höhlen:	sind unerschlossene Höhlen, der Gegensatz ist die Schauhöhle.

Im Bereich Bergbau (⚒):

Abbau:	meint die Gewinnung von Erzen.
Aufbereitung:	ist die erste Verarbeitung bergbaulicher Rohstoffe.
Blindschacht:	ist der Verbindungsschacht zwischen den verschiedenen unterirdischen Abbauebenen.
Fahrt:	ist die Leiter, über die man die verschiedenen Abbauebenen erreicht.
Fahrung:	ist jede Art von Fortbewegung unter Tage, also auch gehen oder kriechen.
„Glück auf!“:	Begrüßung der Bergleute untereinander, wie Hallo! Mach's gut! Tschüß!
Hangendes:	Gestein, das oberhalb der Erzvorkommen liegt.
Haue:	Hacke.
Hund:	So nennt man den Karren, mit dem früher das abgebaute Erz aus dem Stollen heraus transportiert wurde, der seinen Namen nach dem Knarren der Räder bekam.
Liegendes:	Das ist Gestein, das unter den Erzvorkommen liegt.
Mundloch:	Das ist die Stelle an der Erdoberfläche, an der ein Stollen beginnt.
Schlägel:	Bergwerkshammer. Mit Schlägel und Eisen wurde wie mit Hammer und Meißel in den Anfängen des Bergbaus das Erz abgebaut – weshalb sie auch zu dem Bergbausymbol schlechthin wurden.
Schlagende Wetter:	sind ein explosives Luft-Gas-Gemisch.
Sohle:	Abbauebene.
Stollen:	waagrechter Grubengang mit Ausgang über Tage.
Verbau:	ein Gerüst wie ein Torbogen, das den Berg abstützt, damit er nicht einstürzen kann.
Wetter:	heißt die Luft unten in den Gruben.
Zeche:	die Bergwerksanlage insgesamt.

Landesverband für Höhlen- und Karstforschung
Baden-Württemberg e.V.

Der Landesverband für Höhlen- und Karstforschung Baden-Württemberg e. V. stellt sich vor:

Im Landesverband für Höhlen- und Karstforschung Baden-Württemberg e. V. (LHK) haben sich auf Landesebene die in der Höhlen- und Karstforschung tätigen Vereinigungen zusammengeschlossen, um die Höhlen- und Karstforschung in Verbindung mit dem Natur- und Umweltschutz zu fördern und ihre gemeinsamen Belange in der Öffentlichkeit zu vertreten. Der Landesverband für Höhlen- und Karstforschung ist Ansprechpartner für Behörden und Institutionen. Eine Einzelmitgliedschaft bei uns ist nicht möglich, gerne übersenden wir Ihnen aber unser Infoheft, in dem eine Liste mit den Adressen unserer Mitgliedsvereine abgedruckt ist. Im Landesverband sind zur Zeit 26 höhlenkundliche Vereinigungen mit etwa 1 000 Mitgliedern organisiert.

Der LHK ist Mitglied im Verband der deutschen Höhlen- und Karstforscher e. V., dem Landesnaturschutzverband Baden-Württemberg und Gründungsmitglied der „Arbeitsgemeinschaft Fledermausschutz Baden-Württemberg e. V.“.

In Baden-Württemberg sind etwa 40 Prozent der Landesfläche verkarstet, 2 700 Höhlen sind bekannt, darunter eine der längsten Deutschlands. Zunehmend wird erkannt, daß bei der Betrachtung verkarsteter Landschaften die Oberfläche nur die eine Hälfte der Landschaft zeigt. Die Höhlen sind in vielen Dingen wichtiger als bisher angenommen wurde. Höhlen sind Wasserwege und geologische Aufschlüsse. Aus Erkenntnissen, die aus der Gestalt (Morphologie) von Höhlen gewonnen werden, können Rückschlüsse auf den Werdegang der oberirdischen Landschaft gezogen werden. Höhlen sind archäologische und paläontologische Fundplätze sowie Lebensräume für bedrohte Tierarten. Vorrangiges Ziel des LHK ist daher der Schutz der Höhlen und Karsterscheinungen. Anträge von Höhlenforschern bei den Naturschutzbehörden führten in Baden-Württemberg zur Ausweisung von über hundert Höhlen und Dolinen als Naturdenkmale.

Die Entdeckung ungeahnt vielfältiger Hohlräume im Erdinneren ist ein Bereich, in dem sich Sport und Wissenschaft vermischen. Der LHK versteht sich jedoch ausdrücklich nicht als Verband der Höhlengeher oder Höhlentouristen, deren Interesse sich im bloßen „Erleben“ einer Höhle erschöpft. Einige unserer Mitgliedsvereine unterhalten Jugendgruppen und führen Höhlenforscherlager für Jugendliche durch, bei denen nicht nur das „Erlebnis Höhle“ vorgestellt wird, sondern auch auf die Gefahren für die jungen Höhlenforscher sowie für das verletzliche Bio- und Geotop Höhle hingewiesen wird. Einen kommerziellen Höhlen-(= Abenteuer-) Tourismus lehnt der LHK ab.

Die unterirdische Welt der Höhlen ist äußerst empfindlich, leicht kann der Einzelne, zum Teil aus Unwissenheit, zum Teil aber auch durch Rücksichtslosigkeit, zur Naturzerstörung beitragen. Wegen oft kommerziell motivierter Tropfstein- und Sinterentnahme durch Mineraliensammler und -händler aus den Höhlen und wegen der besonderen Schutzbedürftigkeit der Fledermäuse wurden zahlreiche Höhlen jahreszeitlich oder ganzjährig gesperrt, d. h. sie sind teilweise gar nicht mehr oder nur noch unter Aufsicht begehbar. Diese Einschränkung der Bewegungsfreiheit kann zum Schutz überwinternder Tiere vom 15. November bis 15. April jeden Jahres notwendig sein. Bitte informieren Sie sich bei geplanten Höhlenbefahrungen vorher, ob die Höhle besucht werden darf oder ob eventuell eine Sperrung besteht.

Ihre Angelika Lay
(Vorsitzende)

Verbandsanschrift:
Landesverband für Höhlen- und Karstforschung
Baden-Württemberg e. V.
Postfach 50 07 26
70337 Stuttgart

Literaturliste:

Schauhöhlen in Deutschland
Binder, A. & H. M. Luz
Aegis Verlag Ulm, 1993

Im Reich der Dunkelheit – Höhlen und Höhlenforschung in Deutschland
Rosendahl & E.-B. Krause (Hrsg.)
Edition Archea, 1996

Höhlen in Deutschland
Kempe (Hrsg.)
HB-Bildatlas Spezial, 1997

Höhlen der Schwäbischen Alb – Faszinierende Welt unter der Erde
Binder (Hrsg.)
DRW-Verlag, 1995

Die längste Höhle der Schwäbischen Alb – Auf Entdeckungsfahrt in die Wulfbachquellhöhle
Bohnert, S. Geiger, H. Jantschke, A. Kücha, R. Straub
DRW-Verlag, 1998

In den Höhlen der Welt
J. C. Lalou & R. Wenger
Mondo-Verlag, 1991

Zur Autorin

Höhlen und Schaubergwerke. Bei beiden sind wir unterwegs im dunklen Bauch der Erde. In einer so ganz fremden, engen, eigenen Welt, die uns gerade deshalb zum Erlebnis wird. Eine Welt auch, in der Sagen und Märchen ihren Platz haben und erzählt sein wollen.

Birgit Mayer, die Germanistik und Geographie studiert hat, ist in den in diesem Buch beschriebenen „wilden“ Höhlen ebenso unterwegs gewesen, wie in den Schauhöhlen und Schaubergwerken.

Entstanden ist ein kindgerechtes (Sach-)Buch, mit dem man als Familie oder zusammen mit Freunden gemeinsam „Neuland“ entdecken kann. Ein Buch, das wissenswertes anschaulich erklärt, vor allem aber Lust macht auf viele gemeinsame und erlebnisreiche Ausflüge.